危機管理レビューVol.5 の発刊にあたって

　このたび当一般財団法人日本防火・危機管理促進協会は、危機管理レビューVol.5 を発刊することとなりました。

　東日本大震災以降、危機管理政策のあり方は、政府、地方自治体における重要な議題であり続けています。中でも応急対応と事前準備という危機管理政策の2つの局面について、現状と課題の検討を試みたのが本誌となります。

　第1部の2つの章で扱うのが応急対応の局面です。特に自治体の「避難」施策に関する検討が行われます。まず第1章では、当協会の山下 博之 研究員が、避難勧告・指示に関する自治体の意思決定の難しさとその緩和策を検討します。続く第2章では、福田 充 日本大学法学部教授が、住民の避難行動を促すコミュニケーションのあり方と課題を検討しています。

　第2部と第3部では、焦点が事前準備の局面に移ります。このうち第2部で扱うのが、自治体の作成する2つの計画です。第3章では飯塚 智規 公益財団法人たばこ総合研究センター 研究員が、東日本大震災後の災対法及びその他の災害法制の改正を踏まえ、地域防災計画の課題を検討しています。一方、業務継続計画（BCP）に着目したのが第4章です。この章では、西村 弥 明治大学政治経済学部 専任講師が、自治体にBCPを普及し、かつ計画の質を確保するための取り組みについて検討しています。

　最後に、第3部第5章では、危機管理政策を実施するための体制に焦点が当てられます。この章で、中邨 章 明治大学名誉教授が、FEMA の組織の変遷と重要施設の保護の取り組みというアメリカと EU などの事例から、中央-地方、官-民というわが国の危機管理体制のあり方と課題を検討します。

　「災害大国」と呼ばれるわが国では、災害のたびに危機管理政策に関わる新たな事例や教訓が生まれています。政府、地方自治体ではこうした事例や教訓をもとに、自らの危機管理政策を絶えず検討し、更新することが望まれます。本誌がその一助となれば、誠に幸いです。

一般財団法人日本防火・危機管理促進協会

2014 年 3 月

目　次

【第1部】避難施策の現状と課題

第1章　避難勧告・指示の危機管理～災害対応における不確実性とジレンマ～ ...1
1．はじめに 2
　1．1．2つの事例 2
　1．2．目的と構成 3
2．問題の所在 3
　2．1．避難勧告・指示の「見逃し」 3
　2．2．職員の危機意識の問題か? 5
3．避難勧告・指示とその発令 5
　3．1．情報としての避難勧告・指示 5
　3．2．意思決定としての避難勧告・指示 7
4．意思決定における不確実性 8
　4．1．不確実性 8
　4．2．情報収集・処理の限界 9
　4．3．時間の制約 12
5．意思決定におけるジレンマ 13
　5．1．避難勧告・指示のリスク 13
　5．2．避難勧告・指示のジレンマ 15
　5．3．なぜ見逃しが起こるのか 15
6．不確実性とジレンマをどう緩和するか 17
　6．1．不確実性の低減策 17
　6．2．ジレンマの解消策 19
7．おわりに 21

第2章　災害時の避難行動 29
1．はじめに 30
2．クライシス・コミュニケーションとしての避難行動 30
3．避難行動の決定要因 32
　3．1．誰が避難し、誰が避難しないのか（WHO）.................. 33
　3．2．いつ、どこに避難するか。（WHEN）（WHERE）............ 35
　3．3．なぜ避難するか（WHY）...................................... 37
　3．4．どのように避難するか（WHAT）（HOW）.................. 39
4．避難行動を阻害する要因 40

5．おわりに 43

【第2部】危機管理における計画

第3章　災害法制と災害対策基本法の改正にみる地域防災計画の課題 47
1．はじめに 48
2．災害法制と災害対策基本法 48
　2．1．一般法・特別法の関係と慣例 48
　2．2．災害対策基本法の概要 50
3．各「防災」事業と特別法 51
　3．1．災害予防 51
　3．2．災害応急対策 53
　3．3．災害復旧 56
4．災害対策基本法の改正 57
　4．1．平成24年度改正の内容 59
　4．2．平成25年度改正の内容 59
5．地域防災計画の課題と対応 61
　5．1．地域防災計画の問題点 61
　5．2．課題に対する対応の方向性 62
6．終わりに 64

第4章　自治体の業務継続計画（BCP）における「連携」の重要性 69
1．はじめに ―本稿の目的と構成― 70
　1．1．低い策定率と二極化 70
　1．2．ＢＣＰの抱える課題 70
　1．3．ＢＣＰにおける自治体間連携の可能性 70
2．ＢＣＰが抱える諸課題 71
　2．1．ＢＣＰの策定率の過去と現在 71
　2．2．策定率と自治体の規模の関係 72
　2．3．策定率の二極化 73
　2．4．求められる効果の明確化と人的資源 73
3．ＢＣＰが抱える諸課題と「連携」の可能性 74
　3．1．大規模災害時こそＢＣＰは必要①　―東日本大震災― 74
　3．2．大規模災害時こそＢＣＰは必要②　―首都直下地震― 75
　3．3．大規模災害時こそＢＣＰは必要③　―南海トラフ巨大地震― 76
4．近隣の自治体といかに連携するか 77
　4．1．「オール鳥取県」の取り組み 77

4．2．タイムラインの統一 78
　　4．3．必要な資源への被害状況の目安 78
　　4．4．ワーキンググループによるＢＣＰモデルの策定 79
　　4．5．利点１　整合性の確保 79
　　4．6．利点２　関係者の関心・理解の向上 80
　　4．7．利点３　ノウハウの伝達とマンパワーの補完 80
5．**遠隔地の自治体といかに連携するか** 80
　　5．1．遠隔地の自治体との連携の困難さ 80
　　5．2．受援計画等とＢＣＰとの整合性 80
　　5．3．相互応援協定や広域応援との整合性 81
6．**結論** 81

【第3部】アメリカの危機管理行政

第5章　アメリカにおける危機管理行政の実績と課題 87

1．**はじめに** 88
2．**アメリカの危機管理行政とEUの対策―基本的スタンスの違い** 89
　　2．1．自由放任と公共利益 89
　　2．2．自助と自衛―アメリカの危機管理行政 89
　　2．3．連邦制と危機管理 90
3．**政治化するアメリカの危機管理行政―FEMA の変遷と苦悩** 92
　　3．1．国防と災害のはざまで―揺れるアメリカの危機管理対策 92
　　3．2．FEMA の誕生と危機管理体制の一元化 93
　　3．3．FEMA の消長―ウイット長官の業績と限界 94
　　3．4．　FEMA の批判と国防重視への移行 95
　　3．5．国家安全保障省（DHS）の出現とFEMA の役割後退 97
4．**「重要施設の保護」（Critical Infrastructure Protection）―政策誕生の背景と現状** 99
　　4．1．情報社会の出現と重要施設の保護 99
　　4．2．複雑化したアメリカの「重要施設の保護」対策 100
5．**おわりに** 105

第1章

避難勧告・指示の危機管理

～災害対応における不確実性とジレンマ～

(一財) 日本防火・危機管理促進協会 研究員

山下　博之

1．はじめに

東日本大震災における津波災害を始め、毎年、全国各地で発生している豪雨災害など、近年、災害時の住民の避難のあり方に関する関心が高まっている。本稿で着目するのは、災害時に市町村などの基礎自治体（以下「自治体」とよぶ。）が行う様々な災害対応のうち、避難勧告・指示である。特に、災害のたびに、しばしば見られる「見逃し」に焦点を当てる[1]。避難勧告・指示の「見逃し」がなぜ生じるのかを検討し、避難勧告・指示特有の判断の難しさを明確にするとともに、こうした難しさを緩和するための取り組みを紹介していきたい。検討を始めるに当たって、近年発生した避難勧告・指示の「見逃し」の事例のうち、ある意味代表的ともいえる2つの事例を見ておきたい。

1．1．2つの事例
2013年10月台風第26号における大島町（東京都）の事例

まず、2013年10月に台風26号に襲われた大島町の事例である。台風第26号は、2013年10月15日から16日にかけ、強い勢力のまま関東地方の東海上を通過、伊豆諸島北部を中心に大雨をもたらした。特に、大島町では1時間に122.5ミリという「猛烈な雨」が降り、24時間降雨量で観測史上最も多い824.0ミリを記録した（東京管区気象台2013）。

この豪雨で、大島町では大規模な土砂災害が発生し、死者35名、行方不明者4名という人的被害が生じた（2013年11月25日現在（内閣府2013、4））。豪雨や土砂災害の発生に際し、まず気象庁が15日午後6時5分に土砂災害警戒情報を出し[2]、16日午前3時台にはやはり警視庁大島署が町に避難勧告の発令を要請していた。問題となったのは、にもかかわらず大島町が避難勧告を発令しなかったことである。町の幹部や防災担当者らは「強い風雨で外に避難すればかえって危険だ」と考えたのである。

こうした判断そのものは、必ずしも間違いだったとはいえない。次に見る佐用町の例のように、強い風雨と暗闇の中で避難したことがかえって被害を招いた事例は、過去に少なくないからである。だが、町に不備があったことも否めない。台風が接近しているにもかかわらず、町長、副町長がともに出張で不在にし、非常配備体制の立ち上げが遅れるなどしたからである[3]。大島町の対応に対するマスコミの論調は厳しく、17日の町議会全員協議会や記者会見で、大島町長は繰り返し謝罪を余儀なくされた[4]。

2009年8月豪雨における佐用町の対応

2つ目は、2009年8月に豪雨に襲われた兵庫県佐用町の例である[5]。2009年8月9日15時、日本の南海上を北西に移動中の熱帯低気圧が台風第9号へと変わった。この影響で、兵庫県では大気の状態が不安定となり、特に佐用町では総雨量300ミリを超える豪雨となった。この豪雨により、佐用町内の各地で浸水と土砂災害が発生、死者・行方不明者合わせ20名の人的被害、1,789棟もの住家被害が生じた[6]。

問題となったのが避難勧告のタイミングである。町は、避難勧告発令の判断指標として、千種川上三河（2.5メートル）、佐用川佐用（3.0メートル）、志文川三日月（1.88メートル）の避難判断水位などを用いていた。佐用川では午後7時58分に避難判断水位に到達したが、町が佐用地区新町に避難勧告を発

令したのは午後9時10分、全町に避難勧告を発令したのは午後9時20分だった。避難勧告の発令が、発令基準より1時間以上遅れたのである。

後述するが、こうした避難勧告の出し遅れそのものは、佐用町に限らず風水害の発生時にたびたび見られる。この事例が異例なのは、災害で亡くなった5名の遺族らが、町を相手に損害賠償訴訟を起こしたからである。原告側は、5名の死亡原因が、避難勧告を受け自宅から避難所に向かう途中、増水した用水路に流されたことにあるとした[7]。そして、屋外の移動が困難な午後9時台に避難勧告を出した町の責任を訴えたのである[8]。結局、2013年4月24日に下された判決は、5名の避難開始時刻を避難勧告の発令前の午後9時6分だったとし、原告側の訴えを退けた。同時に、判決は「当初は豪雨への警戒心が欠けていたところがあり、非難は免れない」とし、佐用町の対応に厳しい評価を下したのだった。

1．2．目的と構成

2つの事例を冒頭で取り上げたのは、避難勧告・指示の見逃しが住民やマス・メディアなどの厳しい批判を招いた例として、近年でも代表的な事例と考えられたからである。佐用町のように、訴訟に発展するケースは稀だとしても[9]、避難勧告・指示の見逃しが厳しい批判を招くことは、2つの事例に限らずしばしば見られることである。では、避難勧告・指示の見逃しは、なぜ起こるのか。以下では、この問題を考察しながら、避難勧告・指示特有の判断の難しさと、難しさを緩和するための取り組みについて検討していきたい。

以下、本稿では次のように検討を進める。まず、第2章では、本稿の着目する避難勧告・指示の見逃しが具体的にどのような現象を指しているのかを確認する。第3章では、避難勧告・指示を、住民に対し単に情報を伝えるという行為としてではなく、収集した情報をもとに避難勧告・指示の発令を判断する意思決定過程として捉え直す。その上で、第4章と第5章で、こうした意思決定過程で生じる不確実性の問題と、ジレンマの問題について検討する。検討を通じ、避難勧告・指示の見逃しが、災害時の意思決定特有の難しさから生じうるという点を明らかにする。特に、見逃しの問題は、職員の意識の問題として捉えられることが少なくない。だが、不確実性やジレンマの問題に着目するならば、むしろ逆の見方ができることを論じる。最後に、第6章で、不確実性とジレンマの緩和策となり得る、具体的な取り組み策について紹介する。

2．問題の所在

2．1．避難勧告・指示の「見逃し」

まず、避難勧告・指示の見逃しについて、予め確認しておこう。台風や豪雨では、住民は、洪水や土砂災害の起こる前に余裕をもって避難することが求められる。したがって住民の避難行動を促す避難勧告・指示についても、早めに発令することが重要とされている。にもかかわらず、災害時にしばしば見られるのが、避難勧告・指示の「見逃し」の問題である。では「見逃し」とは、具体的にどのような問題であろうか。

避難勧告・指示の出し遅れ

第一に、避難勧告・指示の出し遅れである。つまり、洪水や土砂災害の発生に対し、避難勧告・指示が余裕をもって発令されないケースである[10]。冒頭で紹介した佐用町の事例も、こうしたケースの一つに該当する。では、避難勧告・指示の出し遅れはどのくらいの頻度

で発生しているのであろうか。この問題に直接的に回答するデータではないが、中央防災会議「災害時の避難に関する専門調査会」の調査結果を見てみよう[11]。

平成21年は、佐用町豪雨を起こした台風第9号の他、いわゆる中国・九州北部豪雨、台風第18号など、大きな風水害、土砂災害が発生した年であった。専門調査会が行ったのは、この3つの風水害で「避難勧告・指示を発令した市町村に対する調査」である（計108団体）。このうち「避難勧告等の発令のタイミング」について尋ねた質問の回答結果を確認してみよう。

表1のとおり、「浸水や土砂災害発生までに十分な時間的余裕をもって」避難勧告・指示を発令した自治体は17.9%（78団体中14団体）に過ぎない。「発生より少し前」（24.4%）、あるいは「発生と同時期」（23.1%）、「発生を認知した後」（34.6%）など、「余裕をもって発令」できなかった自治体（計82.1%）の方が多いことが分かる。避難勧告・指示の出し遅れが稀なケースでないことを示唆する調査結果といえよう。

避難勧告の出しそびれ

さらに、避難勧告・指示の出し遅れが、結局出しそびれに至るケースもある。2000年9月11日に東海地方を襲った東海豪雨に対する名古屋市天白区の例を見てみよう。天白区では、天白川・郷下川・藤川からの越流水などにより、死傷者3名、床上浸水1,311棟の被害が生じた。にもかかわらず、天白区では避難勧告・指示が発令されなかった[12]。「急激な増水により避難勧告発令のタイミングを逸し、避難による二次被害の発生を」懸念したとされる（片田・児玉・淺田 2001、156）。避難勧告・指示の出し遅れが、出しそびれを招いたのである。冒頭で紹介した大島町の事例と似たケースといえよう。

対象地域と被害地域とのミスマッチ

次に見るのは、2011年9月に紀伊半島を襲った台風第12号の例である。この豪雨で、奈良県五條市では7名の死者、4名の行方不明者という人的被害が生じた[13]。特に、人的被害は大塔町宇井地区で集中的に発生し、同地区だけで6名の死者・行方不明者が生じた。その全てが深層崩壊によるものだった。

注目したいのは、深層崩壊そのものが発生したのが、宇井地区と川を挟んで対岸にある大塔町清水地区だったという点である。にもかかわらず、宇井地区で被害が出たのは、崩壊した土砂に押し出された河川の水が、宇井地区の人家を襲ったからである。また、市は、崩壊の起きた清水地区には避難指示を発令していたが、対岸の宇井地区には自主避難を呼びかけていただけだった。避難勧告・指示を発令していても、勧告・指示の対象と異な

表1 避難勧告等の発令のタイミング (N=78)

	回答数	%
浸水や土砂災害発生までに十分な時間的余裕をもって発令した	14	17.9
浸水や土砂災害発生より少し前に発令した	19	24.4
浸水や土砂災害発生と同時期の発令となった	18	23.1
浸水や土砂災害発生を認知した後の発令となった	27	34.6

出典：災害時の避難に関する専門調査会「避難勧告・避難指示を発令した市町村に対する調査結果」（第5回会議資料）p7

る地区で大きな被害が生じることもあるのだ[14]。

先程の「避難勧告・指示を発令した市町村に対する調査」では、こうしたミスマッチも調べている。表2は「避難勧告等の発令地域と実災害発生地域との関連性」について尋ねた質問の回答結果を示している。「発令した地域と被害が生じた場所が同一地域内であった」ケースは34%となっている。一方、最も多いのは「発令した地域で被害が生じたが、それ以外の地域でも被害が生じた」ケースで、46.4%と全体の半数近くを占めている。また、「発令した地域と被害が生じた地域が全く異なっていた」ケースは5.2%だった。この2つのケースをミスマッチとして捉えると、半数以上（51.6%）の自治体でこうしたミスマッチが生じていたということができる。

2．2．職員の危機意識の問題か？

このように避難勧告・指示の出し遅れ、出しそびれ、対象地域のミスマッチは、災害時にたびたび見られる事態である[15]。本稿で見逃しという場合、これらの事態を想定している。では、こうした避難勧告・指示の見逃しは、なぜ起こるのだろうか。冒頭で挙げた大島町の例では、「台風など大雨に対する警戒の認識が以前から脆弱だった実態が浮かんだ」として、危機意識を批判する記事も見られる（『毎日新聞』（2013年10月23日））。見逃しの問題は、こうして自治体や自治体職員の危機意識の問題として捉えられることが少なくない。

だが、避難勧告・指示の見逃しの問題を、ただ危機意識によって説明するには限界もある。以下で見るように、見逃しの問題は職員の意識や能力とは関係なく起こり得るからである。本稿では、災害時の自治体の意思決定過程特有の難しさが見逃しの原因となりうることを検討する。では、本稿のいう意思決定過程上の難しさとは、何を意味するのか。そして、見逃しは、なぜ起こるのか。以下で検討していきたい。

3．避難勧告・指示とその発令

まず、そもそも避難勧告・指示とは何か、という点から考えてみよう。

3．1．情報としての避難勧告・指示

いうまでもなく、避難勧告・指示とは、災害対策基本法第60条に定められた、市町村長の権限の一つである。「市町村長は、必要と認める地域の居住者、滞在者その他の者」に対し「避難のための立退きを勧告し、及び

表2　避難勧告等の発令地域と実災害発生地域との関連性

	回答数	%
発令した地域で被害が生じたが、それ以外の地域でも被害が生じた地域があった。	45	46.4
発令した地域と被害が生じた場所が同一地域内であった	33	34.0
発令した地域でも他の地域でも被害が生じなかった	7	7.2
発令した地域と被害が生じた地域が全く異なっていた	5	5.2
その他	5	5.2
無回答	2	2.1

出典：災害時の避難に関する専門調査会「避難勧告・避難指示を発令した市町村に対する調査結果」（第5回会議資料）p8

急を要すると認めるときは」、「避難のための立退きを指示することができる」。こうした避難勧告・指示は、一般的に、表3のような伝達文を通じて住民に伝えられる。

こうした伝達文は、次のような3つの情報から成り立つと考えることができる[16]。

対応行動情報

第一の情報は、「○時○分に○○地区に対し」、「直ちに○○公民館へ避難してください」といった一文に見られる。これらは、避難の対象者（「○○地区に対し」）、避難の必要性（「避難してください」）、タイミング（「直ちに」）、経路、避難場所（「○○公民館へ」）など、住民が取るべき行動の指針を示す。いわば、住民に対し避難の決断・行動を促す情報といえよう（以下では、こうした情報を「対応行動情報」とよぶ）。

事実情報

また、こうした対応行動情報に説得力を持たせるのが、対応行動を取る理由である。そうした情報が「こちらは、○○市（町村）です」、「堤防が決壊して」、「○○川が危険水位を突破して」などの一文に見られる。これらは、情報の発信者（「こちらは、○○市（町村）です」や、何が・いつ・どこで起きたか（「堤防が決壊」、「○○川が危険水位です」

表3 避難勧告・指示の伝達文

＜避難勧告の伝達文（住民あて）＞

「こちらは、○○市（町村）です。

ただ今、○時○分に○○地区に対して避難勧告を出しました。

直ちに○○公民館へ避難してください。

なお、浸水により、○○道は通行できません。

（そのほか、『昨夜からの大雨により、○○時間後には○○川の水位が危険水位に達するおそれがあります』、『できるだけ近所の方にも声をかけて避難してください』等）」

＜避難指示の伝達文（住民あて）の例＞

「○○市（町村）長の○○です。

ただ今、○時○分に○○地区に対して避難指示を出しました。

（堤防が決壊して／○○川が危険水位を突破して）大変危険な状況です。

避難中の方は直ちに○○公民館への避難を完了してください。

　十分な時間がない方は近くの安全な建物に避難してください。

なお、浸水により、○○道は通行できません」。

出典：集中豪雨時等における情報伝達及び高齢者等の避難支援に関する検討会（2005、24）から抜粋

など)、などの発生した災害に関する事実を示す。それによって対応行動を取る理由を伝える情報といえよう（以下では「事実情報」とよぶ）[17]。

評価情報

ただし、事実情報そのものは、災害が発生した事実であって、それがどの程度危険であるのか、この情報だけで判断することは困難である。そこで、3つ目の要素が「危険水位に達するおそれがあります」、「大変危険な状況です」などの一文に見られる。これらの一文に含まれているのは、危機の危険性、切迫性、発災可能性等を伝え、危機に対する住民の適切な評価を促す情報である（以下では「評価情報」とよぶ）。

3．2．意思決定としての避難勧告・指示

このように、避難勧告・指示は、対応行動情報、事実情報、評価情報という3つの情報で構成される。ここでもう一つ確認しておきたいのは、こうした情報としての避難勧告・指示を「発令する」ということである。避難勧告・指示を発令するということは、これらの情報を単に住民に伝えるという行為だけを意味しているわけではないからである。

表4で、対応行動、事実、評価情報のそれぞれの内容と具体例を整理している。表中の「内容」や「具体例」に示されているように、避難勧告・指示を構成する3つの情報には、さらにさまざまな情報が含まれている。避難勧告・指示の発令が、最終的にこれらの情報を住民に伝えることだとすれば、次のような作業が必要である。

表4　3要素の内容および具体例

情報要素	内容	具体例
対応行動情報	とるべき対応行動	・避難準備、避難 ・安全確保、積極的な待機 ・対応行動が未確定
	対応の対象地域・対象者	・対象地域：町丁目、沿岸・川沿い、フロア ・対象者：就業・就学者、要援護者、買物客
	避難先	・屋内、屋外、一時避難場所、避難所（近隣・域外）
	避難経路・方法	・経路：非常階段の位置、交差点名、職員配置地点 ・方法：徒歩
	対応行動の開始時期	・即時、一定時間経過後
	対応行動時の留意点	・避難に危険を伴う状況、二次災害防止、通行危険箇所
事実情報	災害・兆候発生の事実	・伝達主体、危機の種類、時期、場所
	勧告・指示発令の事実	・勧告、指示
	事態の概要	・被害や対応の概要
評価情報	災害の発生可能性	・可能性が低い・不明 ・可能性が高い
	時間的余裕	・時間的余裕あり ・時間的余裕なし
	事態内容の判明度	・事態種類・被害様相が不明
	拡大・継続の可能性	・拡大・継続可能性が高い ・拡大・継続可能性が低い
	危機の深刻さ	・深刻度の過小評価を防ぐ ・深刻度の過大評価を防ぐ

出典：財団法人日本防火・危機管理促進協会（2012、16）から抜粋。

図1　危機発生時の情報管理における広報文作成の位置づけ

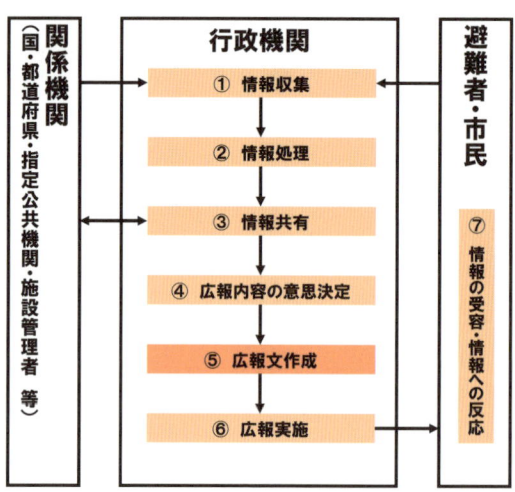

出典：財団法人日本防火・危機管理促進協会（2012、18）から抜粋。

情報収集・情報処理

まず、避難勧告・指示に含まれる諸情報の収集である。情報収集は、関係機関からの情報伝達や、住民からの通報、問い合せなどを通じて行われる（林・加藤他 2013、11）。また、後述するように、こうして災害時に自治体に集まる情報は膨大である一方、断片化されていることや誤報が混じることもある。したがって、これらの情報を精査しつつ分類・整理し、あるいは断片化された情報を繋ぎ合わせるなど、情報処理の作業も必要である。

避難勧告・指示の決定

こうした情報収集と情報処理の作業を繰り返しつつ、避難勧告・指示の発令に関する判断が行われる。こうした判断も単に避難勧告・指示を発令するかどうかを判断すれば良いというわけではない。発令するとすれば、対象とする地域、避難場所や経路、住民に伝える伝達文の内容、あるいは伝達方法を検討し決定しなければならないからである。こうして、決定された伝達文が住民に伝えられるのである。情報収集に始まり、避難勧告・指示が住民に伝えられるまでの流れを単純化して示したのが、図1である。

4．意思決定における不確実性

こうして避難勧告・指示の発令とは、収集された情報をもとに避難勧告・指示の発令を判断する意思決定の過程として捉えることができる。本章と次章で検討するのは、こうした意思決定過程で生じる2つの問題である。差し当たって本章では、このうちの1つ、不確実性の問題を検討する。

4．1．不確実性

先に挙げた奈良県五條市の例では、避難指示そのものは発令していたが、指示の対象とは異なる地域で大きな人的被害が発生した。こうして災害は、予測のできない場所やメカニズムで起こりうる。本稿でいう不確実性とは、このように、いつ、どこで、何が起こるのかが予測できない状況である。避難勧告・指示に限らず、災害時の自治体の災害対応には、このような意味での不確実性がつきものである（吉井 2008a）。

一般的に、政府や自治体の政策過程で不確実性が生じるのは、①政策の対象とする問題に多数の要因（変数）がある場合や、②政策を実施するかどうかを判断するための時間に制約がある場合などである（平川 2002、111-112）。実際、避難を必要とする土砂災害や洪水など、災害の発生要因は多様である。

　例えば、土砂崩れは、台風や豪雨などで短時間で大量の降雨があった場合に発生することが多い。しかし、大量の降雨はあくまで要因の1つであり、それだけで土砂崩れが発生するわけではない。「植生、地質、風化の程度等の」斜面の特性や地下水の流動なども関わってくるからである（国土交通省河川局砂防部・気象庁予報部 2005、2）。

　洪水についても同様のことがいえる。短時間での大量の降雨は、洪水が起こる最も重要な要因ということができるが、やはりそれだけで洪水が起こるわけではない。外水はん濫であれば、河道の形状や勾配の他、河域の地形や地質、土地の利用状況なども、河川に集まる雨水の量や時期に影響する。堤防の有無や強度、排水ポンプの稼働状況など、その時々の状況も、重要な要因となってくる。内水はん濫であれば、身近な側溝の排水力や詰まり具合なども影響する。

　こうした災害の発生要因の多様性が、災害対応においていつ、どこで、何が起こるのかを予測することを困難にする。つまり、災害対応の不確実性の根源となっているのである。

4．2．情報収集・処理の限界

　こうした災害対応の不確実性は、災害やその予兆現象の発生場所・時間、被害の程度に関する、正確、詳細な情報を、リアルタイムに得ることで排除できるかもしれない。だが、以下で見るように、災害時の情報収集や情報処理には様々な限界が見られる。

表5　気象庁の発表する主な防災気象情報

情報の種類	情報の役割
気象警報	重大な災害のおそれのある旨を警告して行う予報。
気象注意報	災害が起こるおそれがある場合に、その旨を注意して行う予報。
気象情報	気象等の予報に関係のある台風その他の異常気象等についての情報を発表するもの。警報や注意報に先立つ注意の喚起や内容の補完などの役割を持つ。
記録的短時間大雨情報	数年に一度程度しか発生しないような短時間の大雨を観測・解析したときに発表する情報。
台風情報	台風が発生した場合及び日本への影響が大きくなった場合において、台風の状況の周知と防災対策の必要性を喚起するために発表する情報。
土砂災害警戒情報	大雨による土砂災害発生の危険度が高まった時、市町村長が避難勧告等を発令する際の判断や住民の自主避難の参考となるよう、都道府県と気象庁が共同で発表する情報。
指定河川洪水予報	河川の増水やはん濫などに対する水防活動のため、国土交通省または都道府県の機関と共同して、あらかじめ指定した河川について、区間を決めて水位または流量を示した予報。
竜巻注意情報	積乱雲の下で発生する竜巻、ダウンバースト等による激しい突風に対して注意を呼びかける情報。

出典：防災気象情報の改善に関する検討会「防災気象情報の現状」（第1回会議資料）p1 から抜粋。

（1）情報収集の限界

情報の外部依存

第1に、そもそもそうした情報を、詳細かつ網羅的に収集することは困難であるという点である。災害の発生可能性や発生時期を予測するシステムはもちろん、災害の予兆や被害の範囲、程度など、災害状況を監視するためのシステムを持つ自治体は少ない[18]。そのため、多くの自治体は、災害時の情報収集を関係機関からの情報伝達や、住民からの通報、問い合せなどに頼らざるを得ない。

予測の限界

中でも、風水害に関する情報の多くを負っているのが、気象庁の発令する防災気象情報である（表5参照）[19]。

こうした気象警報・注意報は、河川や内水のはん濫や建物への浸水など、個別の災害発生個所・時間・規模などを特定して予測するには限界もある。たとえば、土砂災害警戒情報は、降雨量をもとに発表するものであり、個々の急傾斜地の「植生、地質、風化の程度等の特性や地下水の流動等を反映したものではない」。つまり、土砂災害警戒情報は土砂災害の発生する急傾斜地を特定し、被害の規模を予測することはできない。そのため、どの地域に避難勧告・指示の対象とする地域や避難場所などについては、自治体が判断する必要がある（国土交通省河川局砂防部・気象庁予報部2005、2）。

タイムラグ

リアルタイムさにも限界がある。災害の状況は、刻一刻と変化する。そのため、ある時点での災害状況と、それを情報として受け取った時点での災害状況との間に、タイムラグが生じることは避けられない。

特に、情報が複数の機関を通じて伝達される場合、タイムラグが大きくなる可能性がある。たとえば、防災気象情報のうち、地方気象台の発表した警報・注意報などは、気象庁（気象台）、都道府県、警察・消防などを経由して市町村に伝達される（図2を参照）（気象庁2013、1）。

東海豪雨では次のような例が確認されている。この豪雨では洪水予報が合計18回、水防警報が合計7回発令されてい側の状況によっても起こり得る。ある町では、洪水予報1号を間接受信するまでに45～49分、水防警報4号を受信するまでに55分かかったという（廣井他2003、19-25）。

同様の例は、受信者である市町村の側の状

図2　気象台が発表する防災気象情報の市町村への伝達

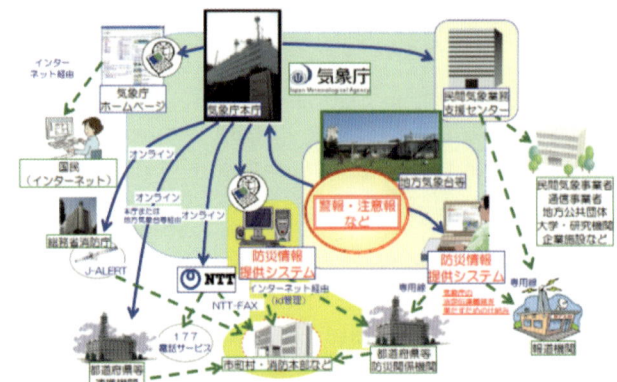

出典：防災気象情報の改善に関する検討会「防災気象情報の伝達」（第1回会議資料）p1から抜粋。

況によっても起こりうる。2012年7月に発生した九州北部豪雨の際、熊本県では、土砂災害警戒情報が発表された2時40分、県阿蘇地域振興局から管轄市町村に対し、電話による注意喚起が行われた。だが、南阿蘇市では、救出・救助活動など災害対応に追われて電話に出ることができず、電話を受電したのは3時23分だった（熊本県知事公室危機管理防災課 2012、11-15）。

誤報

また、収集される情報に、誤報が混じることもある。一例として、1986年に発生した伊豆大島噴火の例がある。「島を一周する都道が溶岩で通れなくなったという誤報が流れ、町対策本部はある地区の避難ルートを都道経由（バス）から港（船）に変更した」。だが、海が荒れていたため、避難中に大けがをした住民もいたとされる（吉井 2008、20）。

誤報が生じる理由の一つに、自治体が収集する防災情報が、しばしば情報伝達の過程で複数の組織を経て伝わるということを挙げることができる（吉井 2008、270-271）。情報が組織から組織へと伝わるうちに、内容が少しずつ変更され、最終的には異なる情報として伝わってしまうのである。

1991年の雲仙普賢岳噴火の際に起きた次のような一例がある。6月3日に火砕流が発生する直前、雲仙岳測候所からの「避難してほしい」という連絡が、長崎県振興局に伝えられている。この情報が長崎県振興局⇒島原市災害対策本部⇒消防本部へと伝達される中、「下がってほしい」に変わり、最終的に被災現場には「注意するように」という情報で伝わっていたことが確認されている（廣井 他 1992、59-64）。

（2）情報処理の限界

膨大な情報

こうした誤報に惑わされないためには、当然のことながら情報処理が重要である。だが情報処理の局面に限界がないわけではない。災害時に自治体に集まる情報は膨大なため、情報処理が困難となり、かえって状況を把握できなくなるケースも見られるからである。

例えば、2000年の東海豪雨の際、名古屋市のある区役所が受けた住民からの問い合わせは300から500件ほどだった。「10台の電話が鳴り止まなかった」という。問い合わせの多くは、ライフラインの復旧やごみ問題に関するものであり、職員は「住民の電話対応に振り回された。FAXを読んでいる時間もなかった」（廣井 他 2001、40-41）。同じく東海豪雨の際、ある町で同様のケースが起きている。町には、多くの情報がファックスで入ってきたが、そのほとんどはすぐには役に立たない情報ばかりであった。そのため町の防災担当者はファックスを見ることを途中でやめてしまった。ファックスの中には非常に重要な情報が含まれていたが、それらも見られることはなかった。

マンパワー

このように、たとえ避難勧告・指示に必要な情報が集まっていても、膨大な情報の中では重要な情報が埋もれてしまい、確認することが困難となるケースは少なくない。また、こうした状況に拍車をかけるのが、災害時のマンパワーの問題である。先に挙げた南阿蘇市のように、防災担当職員は住民からの問い合わせや災害対応に追われ、情報を精査することも困難となりがちだからである。

2004年の7月に発生した新潟・福島豪雨の際、気象庁は7月13日朝からの本格的な雨に対し、6時29分、三条地域に最初の大雨

洪水警報を発令している。その後「過去数年間で最も土砂災害の危険が高まっています」として8時21分に2度目の警報を、11時30分には3度目の警報を発令した。だが、こうした警報が発令されたことを三条市では認知されていなかった。市は「そうした重要な情報は、電話で直接言ってもらいたい」としており、「他の防災業務に追われて、ファックス送信された警報を見逃した」(廣井2005、167-168)と考えられている。

こうして、避難勧告・指示の発令に必要な情報が見落とされたまま避難勧告・指示の発令の判断を迫られることもあるのである[20]。

4．3．時間の制約

その上、情報収集・処理にかけられる時間は、無制限ではない。災害状況は刻一刻と変化しており、タイミングを逃せば、避難勧告・指示の発令がかえって住民を危険にさらす可能性もあるからだ。

表6のとおり、「避難勧告・指示を発令した市町村に対する調査」では「避難勧告等の検討に要した時間」について、8割以上(81.5%)の自治体が「30分以内」だったとしている。「30分以内」という検討時間の適否を、この回答結果だけで評価することはできない。避難勧告・指示の判断にかけられる時間の上限は、災害の種類や発生時間、検討を開始した時間など、その時々の状況で異なるからである。だが、先に見た表1では「避難勧告・指示を発令した市町村」の多く(計82.1%)が、「余裕をもって」避難勧告・指示を発令したわけではなかった。避難勧告・指示の意思決定過程が時間の上限を超えてしまう例は、少なくないものと予測される。

また、情報収集・処理の局面では、時間のロスが生じがちである。杉並豪雨(2005年9月)後、杉並区の設置した専門委員会が述べたように、そもそも「安全な避難先を確保し、それから区域をさだめて避難を勧告・指示を行うというのは、きわめて多くの情報を短時間で処理する大変な業務」である。災害状況に関する確実な情報を求めれば、情報収集と処理に時間がかかることになる。結果「状況がわかった時には避難のタイミングを逸して」しまうことにもなるのである(杉並区都市型水害対策検討専門家委員会2006、73)。

こうした情報収集・処理における時間の制約が、災害対応を一層不確実なものとするのである。

表6 避難勧告等の検討に要した時間

	回答数	％
5分以内	26	26.8
15分以内	31	32.0
30分以内	22	22.7
小　計（上記3項目の計）	79	81.5
45分程度	3	3.1
1時間程度	7	7.2
1時間半程度	2	2.1
その他	6	6.2

出典：災害時の避難に関する専門調査会「避難勧告・避難指示を発令した市町村に対する調査結果」(第5回会議資料)をもとに作成

5. 意思決定におけるジレンマ

こうして災害時、情報と時間が制約された中、自治体では、いつ・どこで何が起こるのかを予測することはもちろん、現状を把握することすら難しい。自治体は、このように不確実な状況下で、避難勧告・指示の発令に関する判断を迫られるのである。本章では、不確実な状況下で行われる避難勧告・指示の判断が、どのようなものになるのかを検討する。

5．1．避難勧告・指示のリスク

第一に、このように不確実な状況下では、避難勧告・指示を発令するかどうかという判断は、次のようなリスクを伴うことになる。

（1）見逃しのリスク

避難勧告・指示の発令を見送る、あるいは発令しないという判断に、見逃しのリスクが伴うということは、ここまでに挙げた例からも明らかである。大島町や佐用町、五條市の例では、避難勧告・指示の発令を見送った、または発令しなかったことが、結果的に出し遅れや出しそびれ、ミスマッチに繋がった。そして、いうまでもなく、見逃しは、住民の避難行動の遅れへと繋がり、人的被害を招く可能性がある。佐用町訴訟で争点となったのは、まさに避難勧告を出したタイミングと避難行動開始時間との因果関係だった。さらには、見逃しに対し、住民やマス・メディアなどからの厳しい批判を招く恐れも、自治体にとって大きなリスクということができよう。

（2）発令のリスク

一方で、不確実な状況下では避難勧告・指示を発令するという判断にも、次のようなリスクが伴うことになる。

避難中の遭難

まず、避難勧告・指示を発令したことが、かえって人的被害を招いてしまうリスクである。勧告・指示を受け避難した住民が、途中で遭難する危険性があるからである。特に風水害などで、夜間に避難勧告・指示を発令する場合には、強い風雨や暗闇により、こうした人的被害の可能性が高まる。

実際、牛山・高柳の研究では、2004年から2008年に発生した豪雨災害の死者・行方不明者307名のうち、27名（8.8％）の死因を避難行動と関連付けている（牛山・高柳 2010、360）[21]。いくつか例を見てみよう。先に挙げた佐用町豪雨の例では、死者・行方不明者のうち11名が、避難中に遭難し亡くなったものだった。また、2004年8月に発生した新潟・福島豪雨では、三条市で16人の死者が発生している。このうち、7人は「避難や通勤途中など自宅外で亡くなった人」だったという（廣井他 2005、173）。廣井らの調査によると、三条市では、他にも避難中「大雨で視界が悪く恐怖を感じた」人が14.3％、「流されるのではないかと心配だった」という人が61.9％、「下が見えずゆっくりとしか進めなかった」人が57.1％だった。避難した多くの人が不安や恐怖を感じながら避難行動を取っていたことがわかる。

空振り

次に、いわゆる「空振り」も、避難勧告・指示の発令に伴うリスクといえるかもしれない。まず、「空振り」について、住民の苦情を受ける可能性がある。例えば、2004年に発生した台風第18号の影響で、高松市では高潮の被害が発生している。市は早い段階で避難勧告を発令したものの、高潮と関係のない地域が勧告の対象に含まれたことから、

図2 避難勧告・指示について

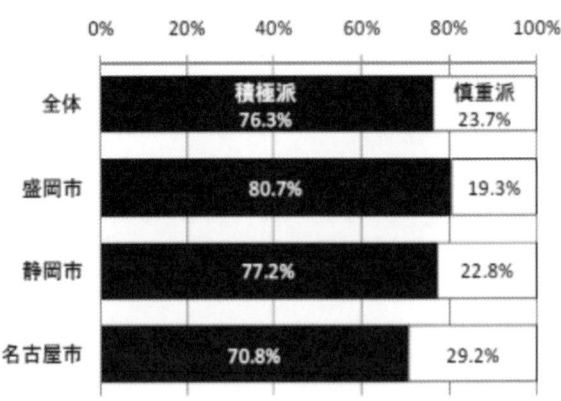

出典：静岡大学防災総合センター牛山研究室（2010）から抜粋。

その地域住民からの苦情が相次いだという（『四国新聞』（2005年1月7日））。

実際、一般住民の中に、「空振り」を避けるべきだと考える人がいるのも確かである[22]。静岡大学牛山研究室が行った「大雨による災害と防災情報に関するアンケート」では、「大雨による災害時の避難勧告について」の質問を行っている。その結果が図2である。質問は、「避難勧告は、結果的に『空振り』に終わってもよいから、できるだけ積極的に出すべきである《積極派》」、または「『空振り』になると非常に迷惑なので、できるだけ慎重に出すべきである《慎重派》」という2つの意見のどちらに賛成するかを尋ねている。図表には、調査対象となった盛岡市、静岡市、名古屋市ごとの回答結果と全体の回答結果が示されている。回答結果から一目で分かるように、いずれも「積極派」が多く、7割以上が「できるだけ積極的に出すべきである」と回答している。一方、「慎重派」の回答も決して少なくはない。地域別に見ると、最も少ない盛岡市でも2割弱、名古屋市では約3割が「できるだけ慎重に出すべきである」と考えているからである[23]。

オオカミ少年

ただし、「空振り」が単に苦情で済むならば、それほど問題があるわけではない。問題なのは、空振りによって「オオカミ少年効果」が生じてしまうことである。「オオカミ少年効果」とは、「予告された災害が実際には発生しない事態（誤報）がくり返される」ことで、「次に出されたとき、災害警報が信用されなくなることである」（中村 2008、173）。実際、奥村ら（2001）が、1999年に発生した広島豪雨での住民の避難行動を事例に、「空振り」による「オオカミ少年効果」について研究している。結果、「空振り」により、住民が「避難勧告を受けた場合に被害に遭うと思う確率」が低下することが明らかにされている。つまり、「空振り」による避難勧告への信頼性の低下が確認されたのだった。

表7　避難勧告・指示に伴うジレンマ

	発令のリスク	見逃しのリスク
定義	避難勧告・指示を発令するという判断に伴うリスク。	避難勧告・指示を見送る、あるいは発令しないという判断に伴うリスク。
内容	・人的被害（避難途中の被災） ・空振りに対する批判 ・オオカミ少年（次の災害での被害拡大）	・人的被害（避難しなかったことによる被災・避難が遅れたことによる被災） ・見逃しに対する批判

表8　避難勧告・指示の意思決定上の問題

避難勧告・指示の意思決定過程上の問題		
不確実性		・情報収集・処理の限界 ・時間の制約
ジレンマ	発令のリスク	・避難途中の被災 ・空振りに対する批判 ・オオカミ少年（次の災害での被害拡大）
ジレンマ	見逃しのリスク	・避難しなかったことによる被災 ・避難が遅れたことによる被災 ・見逃しに対する批判

５．２．避難勧告・指示のジレンマ

このように、避難勧告・指示を発令するかどうかという判断に際し、自治体は２つのリスクの狭間に立たされているということができる（表７参照）。いつ・どこで何が起こるのかを予測できれば、こうしたリスクを減らすことができるが、不確実な状況下では、リスクは一層大きくなるのである。

重要なのは、自治体が、２つのリスクの狭間にただ立たされているわけではないということである。まず、自治体がこの２つのリスクを同時に避けることは困難である。避難勧告・指示を発令する場合、見逃しのリスクは避けられても、避難途中の住民の遭難、「空振り」のリスクを負うことになる。逆に、避難勧告・指示の発令を見合わせる、または発令しないという判断をすれば、避難途中の住民の遭難や「空振り」は避けられるが、見逃しのリスクを負わなければならない。何より重要なのは、こうしたリスクの選択そのものを避けることはできないという点である。避難勧告・指示を発令するかどうかという判断の前では、選択しないということは、結局、見逃しのリスクを負うことを意味するからである。自治体は否応なく、いずれかを選択しなければならないのだ。つまり、自治体は、発令のリスクと見逃しのリスクのどちらを取るかというジレンマに立たされているのである[24]。

５．３．なぜ見逃しが起こるのか

このように避難勧告・指示の意思決定過程上には、不確実性の問題とジレンマの問題がある。この２つの問題がどのようなものだったのかを、表８に整理している。

本章のまとめとして、ここまでの検討を踏まえながら、なぜ見逃しが起こるのかという問題を考えてみよう。

避難勧告・指示の判断の難しさ

　大島町のケースで見られたように、この問題はしばしば職員の危機意識の欠如と捉えられがちである。だが、ここまでの考察を踏まえるならば、見逃しが起こるのを、危機意識の問題だけで説明することはできない。避難勧告・指示を発令するかどうかという判断は、危機意識があろうがなかろうが、そもそも難しい問題だからである。

　まず、避難勧告・指示を発令するか、見送る（または発令しない）かという判断で、自治体は発令のリスクと見逃しのリスクのどちらかを、否応なく負わなければならない[25]。その上、情報が制約された中で、どちらのリスクが大きいのかを予測することは困難である。自治体は、こうした中で避難勧告・指示を判断しなければならないのである。

確実な情報のワナ

　その上、こうしたジレンマから逃れようとするほど、見逃しの生じる可能性が高まるということができる。時間の制約の問題があるからである。つまり、確実な情報を得た上で避難勧告・指示を発令するかどうかを判断しようとすれば、タイムロスが生じる。確実な情報を入手した頃には、すでに大きな被害が発生しており、避難勧告・指示を発令すればかえって危険な状況になっているということが起こり得るのである。

　こうした状況下では、いわゆる「予防原則」に基づき、実際に災害や被害が生じるかどうかを予測できなくとも、早めに避難勧告・指示を発令すべきなのかもしれない[26]。だが、実際、確実な情報のない中では、避難勧告・指示の発令に躊躇するケースは少なくない。先に引用した杉並区の他にも、2009年7月のいわゆる中国・九州北部豪雨で土石流災害が発生した防府市でも、同様の例が起きている。「午前7時40分に土砂災害警戒情報第1号が発表されていたが、降雨危険度を確認したのは、21日午後であり、確実な情報や危険区域を把握している最中だったため、土砂災害警戒情報を要援護者施設へ伝達していなかった」という。防府市は「現地情報の確認にこだわると手遅れの状況を生み出すことになる」と振り返っている（防府市豪雨災害検証委員会2010、25）。

自治体職員の真面目さ

　では、このように自治体が、確実な情報にこだわるのはなぜだろうか。そのヒントを示しているのが、各自治体の想定する避難勧告・指示の判断者とその理由である。後述するように、多くの自治体では、避難勧告・指示の発令が、市町村長によって行われることが想定されている。災対法の規定もあるが、「避難勧告等の判断は住民の生命、身体及び財産に関わる重要な決定」であると考えられているからである。「住民の生命、身体及び財産に関わる重要な決定」だからこそ、発令のリスクも見逃しのリスクも、できうる限り避けようとするのは、当然のことであるともいえる。だが、確実な情報を得た上で避難勧告・指示を発令しようとすれば、見逃しのリスクが高まるということは、上述のとおりである。このように考えた場合、見逃しが起こるのは自治体職員の防災意識の低さに原因があるとはいえない。むしろ「住民の生命、身体及び財産」を考える職員の意識の高さ、より一般的にいえば「真面目さ」が、見逃しの可能性を高めるともいえるのである。

　ただし、本稿は「だから避難勧告・指示を発令することに慎重になるべきである」と言おうとしているのではないし、避難勧告・指示の見逃しを容認するものではない。当然、やみくもに避難勧告・指示を発令するべきと

いうつもりもない。避難勧告・指示の発令の意思決定そのものの難しさを認めた上で、難しさをどう緩和していくかを検討するべきである、というのが本稿の主張である。では、こうした難しさをどのように緩和すれば良いのだろうか。次章で検討していきたい。

6. 不確実性とジレンマをどう緩和するか

ここまで見てきたように、避難勧告・指示の発令を困難にする大きな要因として2つの問題を挙げている。第一に、不確実性の問題である。情報収集・処理が制約され、何が起きるか、何が起きているかを完全には予測できないという問題であった。第二に、上で述べてきたように、そうした不確実性の結果として生じるジレンマの問題である。自治体は、避難勧告・指示の発令を判断する際、発令しないことで生じるリスクと同時に、発令することで生じるリスクに直面する。避難勧告・指示の見逃しを避けるには、そうした不確実性の問題とジレンマの問題を緩和する必要がある。本稿の結びとして、こうした不確実性とジレンマの緩和策を検討していきたい。

6.1. 不確実性の低減策

まず、前述の通り、避難勧告・指示の意思決定過程で生じる不確実性には、情報収集・情報処理上の限界や、時間の制約が大きく関わっていた。逆にいえば、情報収集・処理上の限界や時間の制約を解消することが、不確実性の緩和策となり得る。

（1）情報収集・処理上の限界をどう解消するか

■モニタリングシステムの構築

情報収集・処理上の限界を直接的に緩和するための取り組み策となるのが、モニタリングシステムの構築である。

2004年の台風第23号で、兵庫県豊岡市は、大きな被害を被っている。市は気象庁、国土交通省、兵庫県のフェニックス防災システムを通じて、気象、雨量、水位に関する情報を得ていた。一方、豊岡市が情報収集上の課題として挙げているのが、視覚的な水位情報を得られなかった点、現況の水位情報は得られても、「今後の水位上昇予測」が困難だった点である（水害時における情報収集・伝達検討会 2005、1）。こうしたことから、災害後、市はライブカメラを市内6箇所に設置、視覚的に確認できるようにした他、携帯電話で撮影した画像を市のパソコンに送り、職員が閲覧できるシステムを作った[27]。

■人的な情報ネットワークの構築

こうしたモニタリングシステムの構築には、災害の現状を把握する上で有効である一方、費用がかかる。自治体の厳しい財政状況下では、システムの構築そのものに限界があるといえよう。こうしたシステムを補うものとして有効と考えられるのが、人的な情報ネットワークの構築である。現在、全国の地方気象台が自治体とのホットラインを通じた「避難勧告等の判断支援」を行っている他[28]、国土交通省も河川事務所と首長とのホットライン整備を進めている[29]。こうしたネットワークがあれば、避難勧告・指示を判断する際に必要な情報を、直接的に国の専門機関から収集することができる、というメリットがある。

図３　タイムライン（事前行動計画）のイメージ

日本型ﾀｲﾑﾗｲﾝ式による事前行動計画のイメージ　（一部）

タイムラインの構築には、平時から防災機関が調整し、行動計画を定める必要があり、このことが組織間連携にも繋がる。

Timeline		Activity 行動	Emergency Support Function 緊急支援機能（各機関の役割を事前に規程）					
	基準時間（いつ）	防災行動（何を）	予報・警報	ESF#4 水防・消防活動	ESF#２ 交通輸送	ESF#５ 危機管理	ESF#3 社会基盤	ESF#6 避難・住民支援
		（誰が）	気象台／国河川管理者／県河川管理者	水防管理団体／地方整備局／県 河川／市町村／水防団・[illegible]	道路管理者／海上保安庁／港湾管理者／警察／鉄道事業者／輸送業者	地方整備局／県 防災／市町村 防災／消防本部	地方整備局／地方運輸局／県 建設部門／市町村建設担当	市町村 防災／消防本部／自衛隊／警察／ボランティア
台風の上陸前	120-96 h	台風上陸に備えた準備・調整 避難所の開設準備		○	○	○	○	○
	72-48 h	専門家・技術助言による連携・支援	○			○		
	72-48 h	地下鉄運行停止の可能性予告			○			
	48 h	避難所の開設				○		○
	36 h	気象警報の発表 水防警報の発表 指定河川洪水注意報の発表	○	○		○	○	
	24-36 h	水防団出動　発令 市町村長による避難勧告		○	○	○		○
	24-12 h	地下鉄運行停止、地下街閉鎖			○	○		
	12 h	特別警報の発表 市町村長が高所避難を呼びかけ	○	○		○		○
	12 h	高潮によるはん濫発生	○			○		○
台風上陸	6-0 h	水防団、警察、消防の退避勧告		○				
上陸後	+3-12	救助・救護・応急資機材投入		○	○	○	○	
	+24	排水作業・応急復旧		○	○	○	○	

出典：国土交通省・防災関連学会合同調査団「先を見越した水害対応を～事前行動計画の試行～」米国ハリケーン・サンディに関する国土交通省・防災関連学会合同調査団による緊急メッセージの報告（資料）

また、災害時、各地域の現地状況に関する情報を収集する上で、住民からの通報は参考になるものの、情報内容や通報が通報者の関心に左右されるなど、状況依存の問題もある。豊岡市や佐用町では、水害後、役所の職員OBや自主防災組織の役員に、災害時に現地の状況を自治体に連絡することを依頼し、情報収集に役立てることを提案している[30]。伝達すべき情報を定型化しておけば、必要最低限の情報の収集を図ることも可能であり、状況依存を緩和することにも役立つ。こうした住民との情報ネットワークを構築しておくことも有効であると考えられる。

（2）判断の時間の制約をどう解消するか

次に、意思決定の時間の制約の解消策として紹介するのが、タイムライン（事前行動計画）である（図３参照）。

■タイムラインの導入

タイムラインは、2012 年にアメリカ北東部を襲ったハリケーン・サンディに対し、ニュージャージー州などで実施された取り組みである。ハリケーンの到達予想時刻を0hour とし、その 120 時間前から準備や関係機関との連絡調整、諸手続きを進めていく災害対応プログラムである。避難勧告・指示に関しては、避難所の計画・準備は 96 時間前、避難の計画・準備は 72 時間前、避難所準備

が48時間前、避難指示・避難所開設は36時間前に実施されることとなる。情報収集・分析に割ける時間の制約は、不確実な状況を作り出す大きな要因となっている。タイムラインは、災害対応に関する意思決定の開始時間を前倒しすることで、リードタイムを持たせる。時間の制約の緩和策として、示唆を与える取り組みということができよう（国土交通省・防災関連学会合同調査団2013、29-30)[31]。

6．2．ジレンマの解消策

こうして不確実性を緩和することは、避難勧告・指示のジレンマの緩和にもつながる。これとは別に、空振りのリスクと見逃しのリスクの緩和に繋がりうる取り組みも、すでに自治体によって行われている。以下では、そうした取り組みについて確認してみる。

（1）発令リスクの低減

避難勧告・指示の発令に伴うリスクには、具体的には、避難中の遭難とオオカミ少年効果のリスクがあった。ここでは、避難中の遭難のリスクの低減策として、避難経路の確保、避難経路の安全性の確保で行われている取り組みを紹介したい。いずれも風水害時の避難を想定した取り組みではないが、こうした取り組みは風水害においても有効であると考えることができる。

■避難経路の確保

都市型水害では、場所によっては道路の閉塞が避難行動を阻む大きな障害となり得る。こうした避難経路の閉塞に対しては、住宅などの建物の耐震化や道路の拡幅整備など、特に震災対策で取り組みが進んでいるということができる。こうした経費のかかる取り組みの他にも、神戸市などいくつかの自治体では、行き止まり道路に緊急避難路を設けたり、階段を設置するなどして、閉塞している場所での二方向避難を可能にするための取り組みが行われている。避難時に、閉塞が障害になるという点は、風水害においても同様であり、こうした取り組みは、風水害においても役立つものと考えることができる。

■避難経路の安全確保

静岡県焼津市や高知県黒潮町では、津波避難を想定し、避難経路への誘導照明の設置を進めている。また、焼津市では、同じく津波からの夜間の避難を想定し、手すりなどを蛍光塗料で塗装し、夜間でも避難経路が分かるよう取り組んでいる。先に触れたように、風水害では、風雨による見通しの悪さや夜間の暗闇が、避難中の遭難を招く大きな要因になっている。焼津市や黒潮町の取り組みは、津波避難を想定したものではあるが、風水害の避難においても役立つものと考えることができる。

■緊急的な避難場所の確保

南海トラフ大地震が懸念される太平洋沿岸の自治体をはじめとして、近年、津波避難を想定した津波避難ビルの整備が進められている。こうした建造物は、当然のことながら、洪水においても有効である。また、大阪府吹田市や愛知県名古屋市などの自治体では、新たに避難ビルを建設するのではなく、事業所と協定を結ぶなどして、すでにある建造物を水害避難ビルとして活用する取り組みも進められている。

（2）見逃しリスクの低減

「見逃し」のリスクとは、具体的には、住民の避難行動が遅れ、または避難行動そのものが取られずに、人的被害が生じるリスクだった。

■避難勧告・指示の発令基準の作成

こうした見逃しのリスクの低減策の代表

ともいえるのが、避難勧告・指示の発令基準を作成しておくことである。避難勧告・指示の発令基準とは、「どのような状況において、どのような対象区域の住民に対して避難勧告等を発令するべきか等の判断基準（具体的な考え方）について取りまとめたマニュアル」である（集中豪雨時等における情報伝達及び高齢者等の避難支援に関する検討会2005、1）。消防庁が2013年に実施した「避難勧告等に係る具体的な発令基準の策定状況調査」によると、「水害発生時における避難勧告等の具体的な発令基準」を「策定済み」とした市町村は1148団体（65.9％）、「土砂災害発生時における避難勧告等の具体的な発令基準」では1027団体（64％）に上る[32]。

■ 発令権限の委譲

このように、風水害に関して、避難勧告・指示の判断基準を作成している自治体は6割以上に上る。こうした判断基準があるからこそ有効な取り組みとして、以下では発令権限の委譲について検討する。

先述のとおり、災対法第60条では、避難勧告・指示を行う主体として「市町村長」を想定している。実際、消防庁の調査（「市町村における避難勧告等に係る発令権限、発令基準及び伝達方法状況調査」）では、「水害、高潮災害又は土砂災害に係る避難勧告等の発令」の「判断（決裁）」者として、「市町村長」を想定する自治体が6割以上に上る（図4参照）。また、「原則市町村長」としながらも、「緊急時には本庁の副市長村長、部長等」を想定している自治体は3割ほどある。「原則市町村長」も合わせ、ほとんどの自治体は、避難勧告・指示の発令の判断が市町村長によって行われることを想定しているといえよう。

図4　避難勧告・指示等の発令の判断者

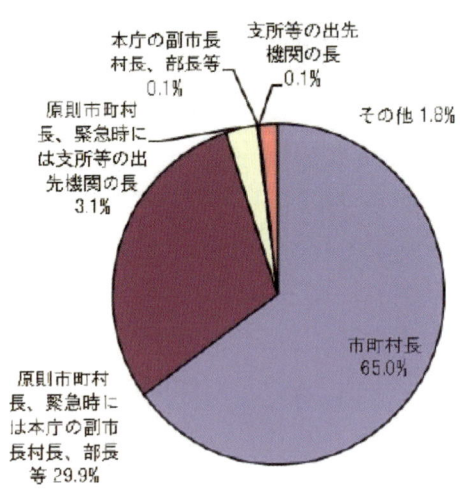

出典：消防庁（2009、1）から抜粋。

発令権限の委譲対象

　ただし、避難勧告・指示の発令権限を委譲する例も、わずかながら見られる。実際、図4では、「緊急時には支所等の出先機関の長が判断」(3.1%)、「支所等の出先機関の長が判断」(0.1%) するとした回答も見られる (消防庁2009、2-3)。

　また、政令市と中核市の地域防災計画では、緊急時に消防署長が避難勧告・指示を発令することを想定している例も少なくない。さらには、福島県いわき市のように、「消防団長（以下、消防団副団長、消防団師団長）」など消防団員が避難勧告を発令するケースを想定している自治体もある。

　広域化が進む市町村では、管轄する地域が広く、本庁が各地域の状況を把握することが困難になっている。不確実性が益々大きくなっているといえよう。こうした中で、避難勧告・指示の権限を各地域に近い支所や消防署などに委譲するという取り組みは、有効であると考えられる。

発令基準と発令権限の委譲

　一方で、発令権限を委譲した場合には、委譲した人物や組織、または裁量によって判断が異なってくるということは、極力避けるべきであろう。こうした委譲の問題に対し、もう一度考えなければならないのが、発令基準である。厳密に基準を適用するならば、雨量や河川の水位が一定基準に達すれば、誰であろうと同じように避難勧告・指示を発令しなければならない。首長や幹部職が判断する必要はなくなるのである。発令基準を作成しておくことは、発令権限の委譲の実効性や正当性を確保する上でも重要なのである。

7．おわりに

　本稿では、避難勧告・指示の見逃しがなぜ起こるのか、という問題を軸に議論を進めてきた。見逃しは自治体職員の危機意識の問題として捉えられることが少なくない。だが、ここまで検討してきたように、避難勧告・指示の意思決定は、自治体職員の意識とは関係なく、そもそも難しい。さらに、避難勧告・指示が住民の身体、生命に関わる重大な問題と考えるからこそ、自治体ではできるだけ確実な判断をしようとする。だが、災害時に確実性を求めることは困難であり、確実な情報を得ようとすればするほど時間もかかる。誤解を恐れずにいえば、「真面目」な自治体ほど「見逃し」が起こる可能性が高まるのである。

　繰り返しとなるが、こうした難しさを認めた上で、難しさをどう緩和していくかを検討するべきである、というのが本稿の主張である。前章では、こうした意思決定の難しさの緩和策となりうるいくつかの取り組みを紹介した。恐らく、本稿が紹介した取り組みの一つ一つは、多くの読者にとってそれほど目新しいものとはいえないだろう。結局のところ、見逃しの問題を根本的に解決するような画期的な解決策は、現在のところ存在しないのである。一つ一つの小さな取り組みを積み重ねることこそが、避難勧告・指示の難しさを緩和することになるのである。

※本稿を執筆するに当たり、北九州市立大学の加藤尊秋准教授から貴重な資料をご提供頂いた。快く資料をご提供頂いた加藤准教授にはこの場を借りて謝意を表したい。

注

1 本稿では、特に洪水や土砂災害などの風水害を念頭に置きながら議論を進める。
2 土砂災害警戒情報とは、「大雨警報が発表されている状況で、土砂災害発生の危険度が非常に高まった時に、市町村長が避難勧告等の災害応急対応を適時適切に行えるよう、また、住民の自主避難の判断の参考となるよう、対象となる市町村を特定して都道府県と気象庁が共同で発表する防災情報」である。次を参照。気象庁ホームページ、http://www.jma.go.jp/jma/kishou/know/bosai/doshakeikai.html（最終確認日 2014年3月15日）。
3 第1非常配備体制が取られたのが10月16日2時00分、その後、2時57分に第2非常配備体制、3時14分に第3次非常配備体制が取られた。災害対策本部が設置されたのは10月16日5時18分である。東京都（2013、8）を参照。
4 次を参照。「土砂災害情報あったのに 避難勧告一度も出さず」『毎日新聞』（2013年10月22日）、「町長『判断誤った』情報を過小評価」サンケイビズホームページ http://www.sankeibiz.jp/express/news/131018/exc1310180922001-n1.htm。（最終確認日 2014年3月15日）。
5 以下、佐用町の事例については、特に佐用町台風第9号災害検証委員会（2010）、兵庫県台風第9号災害検証委員会（2010）を参照している。
6 内訳は、壊139棟、大規模半壊269棟、半壊483棟、床上浸水157棟、床下浸水742棟である。佐用町台風第9号災害検証委員会（2010、21）を参照。
7 佐用町では、この他6名がやはり避難中に遭難し、死亡している。
8 次を参照。『神戸新聞』2013年4月24日。
9 ただし、東日本大震災では、私立日和幼稚園（石巻市）や七十七銀行女川支店など、津波避難に関する民間事業所の対応を巡る訴訟が起きている。詳しくは、吉井（2013）を参照。また、避難勧告・指示を争点としたものではないが、水害時の自治体の対応を巡っては、大東水害訴訟をはじめ、たびたび訴訟が起きている。丸尾（2003）、柄谷・高島（2010）を参照。
10 例えば、河川の水位が越水の可能性のある危険水位を超えているにも関わらず避難勧告が発令されず、堤防の決壊後ようやく発令されるケースなどである（吉井2005）。
11 「災害時の避難に関する専門調査会」は、中央防災会議によって2010年から2012年にかけて設置され、特に風水害発生時の避難のあり方について網羅的な検討を行っている。
12 天白区は「被害を被った名古屋市周辺地域の中で避難勧告が出されなかった唯一の地域」（片田・及川2001、59）とされている。
13 以下の台風第12号に対する五條市の事例は、特に五條市（2013）、五條市消防本部（2013）を参照している。
14 台風第12号では、和歌山県田辺市でも同様のケースが生じている。田辺市では伏菟野地区や熊野地区、本宮町三越地区で大規模な深層崩壊が生じた。このうち熊野地区と本宮町三越地区は避難勧告・指示が発令されていたが、特に人的被害の大きかった伏菟野地区（死者5名）には発令されていなかった（この他、田辺市の人的被害は、熊野地区の死者2名・行方不明者1名、本宮町三越地区1名である）。田辺市（2012）を参照。
15 避難勧告・指示の出しそびれは、風水害だけでなく津波災害でも生じている。2003年に発生した十勝沖地震では、21の市町村が津波警報の対象となっているが、このうち避難勧告を発令したのは14市町村、7市町村は避難勧告の発令を見送っている。同じく、2004年の「紀伊半島沖を震源とする地震」では、42の津波警報対象市町村のうち、避難勧告を発令したのは12市町村、30の市町村は避難勧告も避難指示も発

16 避難勧告・指示など災害時の公衆警報（Public Warning）は、情報の目的や機能をもとに「危険の接近を知らせて注意喚起を促す Alert（警戒情報）」と「特定的な危険の内容及び具体的な対応行動を知らせる Notification（啓発情報）」に分類されることもある。大雨災害における避難のあり方等検討会（2010、23-24）、福長（2011、37-38）を参照。また、奥村らは災害情報を「事実情報」と「確率情報」に分け、「確率情報」の方が、より住民に避難行動を促しやすいことを明らかにしている（奥村・塚井・下荒磯 2001）。

17 なお「こちら○○市（町村）です」など発信者を特定する情報は、誰が情報を発信しているかという事実を伝えるだけでなく、住民の注意を引きつけ、またその情報をオーソライズする機能も果たす。

18 ただし、降水量などの気象観測については、多くの自治体が実施している。次を参照。気象庁ホームページ、http://www.jma.go.jp/jma/kishou/know/kansoku_guide/hpc.html（最終確認日 2014 年 2 月 5 日）。ここでは、あくまで災害の発生を予測、監視するためのシステムを念頭に置いている。1 級河川や 2 級河川では、国、都道府県が主要な箇所に監視カメラを設置したり、水位や流量をモニタリングしているケースも少なくない。だが、市町村が河川の状況をモニタリングしているケースは、神戸市など一部の自治体に限られている。

19 次を参照。気象庁（2011、7-8）、林・加藤他（2013、11）。気象庁が 2010 年に実施した「防災気象情報の利活用状況等に関する調査」によれば、「避難勧告等の発令を総合的に判断した際に参考にした情報」として、「大雨洪水等の気象警報」（89.7％）、「雨量の実況及び今後の見通し」（84.6％）、「土砂災害警戒情報」（78.7％）、「水位の実況及び今後の見通し」（62.1％）などが、民間の気象情報や住民からの情報と比べ、多く選択されている（気象庁 2011、7-8）。

20 また、膨大な情報が集まる一方、深刻な被害が生じている地域の情報が入手できないという「情報のドーナツ化現象」も生じがちである。

21 また、国土交通省が行った「水害犠牲者の実態分析」では、2004 年から 2012 に発生した「大雨による河川などからのはん濫、溢水及びそれらに伴う道路冠水により死亡した」64 名のうち、「避難中の被災」に該当するのは 20 名（31％）としている。次を参照。国土交通省「洪水はん濫時に起きていること」（洪水ハザードマップ作成に関する検討会第 1 回会議資料）。

22 また、こうした「空振り」を避けるには、避難勧告・指示について「慎重に出すべきである」と考える自治体職員も少なくない。例えば、静岡大学牛山研究室らが全国の市町村の防災担当者に対し「市町村役場における豪雨災害情報の利活用状況について」の調査を行っている。調査中「避難勧告・避難指示の発令に関して」（N=1223 件）は 67.6％の市町村が、「避難勧告や指示は、『空振り』に終わってもよいから、できるだけ積極的に出すべきである」と回答している。一方で、32.4％と決して少なくない自治体が「避難勧告や指示は、『空振り』が許容されないので、できるだけ慎重に出すべきである」と回答したのだった。

23 回答結果にこうした地域差が現れたことは興味深い。理由の一つには、災害の経験差があったと考えることができる。この調査時点で、盛岡市と静岡市では「近年大きな豪雨災害がない」のに対し、名古屋市では 2000 年と 2008 年に「市内で数千〜数万棟の浸水被害が発生」しているからである。名古屋市には、実際に「空振り」による「迷惑」を被った経験を持っていたり、経験した人が身近にいるなどしたことが、回答結果に現れたのではないか、というのが筆者の仮説である。

24 手塚（2010、23-24）によれば、こうした「作為過誤」（「『するべきでなかったのにした』過誤」）と「不作為過誤」（「『するべきだったのにしなかった』過誤」）のジレン

マは、行政活動全般に見られる。こうした不確実な状況下の意思決定過程に見られるジレンマは「過誤回避のジレンマ」とよばれる。

25 こうした災害対応における不確実性やジレンマの問題は、防災研究では余り扱われてこなかったテーマである。限られた例として、矢守他（2004）、吉井（2008a、20-21）（2008b、272-273）を参照。

26 「予防原則」（precautionary principle）は、もともと環境政策や公衆衛生政策で生まれた考え方である。環境問題などでは、しばしば科学的証拠が不十分であるという理由で規制措置が取られず、被害の拡大を招いてきた。そうしたことから「科学的証拠が不十分であることを規制措置の実施を控える理由とすべきではない」とする「予防原則」が生まれたのである（平川2002、112）。

27 その他上流の河川情報（水位・雨量等）を映像で確認できるよう、国土交通省豊岡河川国道事務所により、タッチパネル端末が市内6箇所（本庁や支所など）に設置された（水害時における情報収集・伝達検討会 2005、1）。

28 「地域の災害特性、気象特性等を踏まえつつ、最新の気象状況や気象の見通しなどをホットラインにより開設することで、市町村の避難勧告等の判断を支援」するとしている（災害時の避難に関する専門調査会 2012、7）。

29 河川事務所と自治体とのホットラインの例として、国土交通省関東地方整備局下館河川事務所（2011）が、2011年の台風第15号における活動を紹介している。

30 水害時における情報収集・伝達検討会（2005、1-2）、佐用町台風第9号災害検証委員会（2010、120-121）を参照。

31 タイムラインを導入した自治体の例として、三重県紀宝町がある。2013年10月26日にNHKで放送された「NHKスペシャル　台風　連続来襲"記録的豪雨"はなぜ？」で、2013年台風第27号に対する紀宝町のタイムラインに基づく対応が紹介されている。

32 なお、同調査では水害と土砂災害の他、高潮災害と津波災害についての発令基準の策定状況も確認している。高潮災害では、344団体（53.3％、N=645団体）、津波災害では419団体（62.6％、N=669団体）が、「避難勧告等の具体的な発令基準」を「策定済み」としている。

　　また、基準の内容については、消防庁が2008年に「市町村における避難勧告等に係る発令権限、発令基準及び伝達方法状況調査」を実施している。これによると、風水害時の発令基準で最も多いのが「水位の情報」で、84.6％と多くの自治体で基準として採用されている。次いで多いのが「雨量の情報」（63.0％）、「洪水予警報等の各種警報」（62.9％）で、やはり半数以上の自治体で発令基準とされていることが分かる。多くの自治体が、「水位」、「雨量」のような数量的に判断が可能なもの、「各種警報」の有無など、客観的な判断基準となり得るものが、多くの自治体で発令基準となっているといえよう。

　　土砂災害では、最も多いのは「大雨警報、土砂災害警報情報等の各種警報」の81.2％、次に「雨量の情報」の73.4％が続く。水害同様、数量的な判断が可能なもの、客観的に明確な判断基準となり得るものが、ここでも判断基準とされている。

　　その他、「破堤・越水等により影響を受けることが想定される区間・箇所や土石流、がけ崩れ等の発生しやすい箇所等」として「警戒すべき個所や区間」を設定している市町村は66.0％（64件）、避難すべき地域等を設定しているのは39.2％だった。

参考文献

牛山 素行・高柳 夕芳、2010 年「2004～2009 年の豪雨災害による死者・行方不明者の特徴」日本自然災害学会『自然災害科学』Vol.29,No.3、pp355-363。

牛山 素行・横幕早季、2013 年「発生場所別に見た近年の豪雨災害による犠牲者の特徴」日本災害情報学会編『災害情報』No.11、pp81-89。

大雨災害における避難のあり方等検討会、2010 年『大雨災害における避難のあり方等検討会報告書～「いのちを守る」ための避難に向けて～』内閣府。

奥村 誠・塚井 誠人・下荒磯 司、2001 年「避難勧告の信頼度と避難行動」土木計画学研究委員会『土木計画学研究・論文集』Vol.18、No.2、pp311-316。

片田 敏孝・及川 康、2001 年「東海豪雨災害における名古屋市天白区野並地区の浸水過程と住民の対応に関する実態把握」社団法人土木学会『河川技術論文集』第 7 巻、pp59-64。

片田 敏孝・児玉 真・淺田 純作、2001 年「東海豪雨災害における住民の情報取得と避難行動に関する研究」社団法人土木学会『河川技術論文集』第 7 巻、pp155-160。

柄谷 友香・高島 正典、2010 年「水害後の訴訟回避に向けた地域リーダーの対応と役割－行政と住民をつなぐコミュニケーション・ルールの検討」地域安全学会編『地域安全学会論文集』No.13、pp471-479。

気象庁、2010 年『気象業務はいま』研精堂印刷株式会社。

気象庁、2011 年『「防災気象情報の利活用状況等に関する調査」の調査結果について(調査概要・調査結果のまとめ)』。

気象庁、2013 年『気象庁ガイドブック 2013』。

熊本県知事公室危機管理防災課、2012 年『熊本広域大水害の災害対応に係る検証 最終報告』熊本県。

国土交通省河川局砂防部・気象庁予報部、2005 年『都道府県と気象庁が共同して災害警戒情報を作成・発表するための手引き』国土交通省。

国土交通省関東地方整備局下館河川事務所、2011 年『台風 15 号 鬼怒川・小貝川出水速報』。

国土交通省・防止関連学会合同調査団、2013 年『米国ハリケーン・サンディに関する現地調査報告書(第二版)』国土交通省。

五條市危機管理課、2013 年『五條市大水害の記録 平成 23 年台風 12 号～紀伊半島大水害～』。

五條市消防本部、2013年『災害活動記録 台風12号災害の活動記録と教訓』。

財団法人日本防火・危機管理促進協会、2012年『大規模災害発生時の住民への情報伝達のあり方に関する調査検討報告書』。

財団法人日本防火・危機管理促進協会、2013年『地域社会の防災ネットワークに関する調査研究 報告書』。

佐用町台風第9号災害検証委員会、2010年『台風第9号災害検証報告書』佐用町。

静岡大学防災総合センター牛山研究室、2010年『避難勧告に関するアンケート結果(緊急速報)の公表』

集中豪雨時等における情報伝達及び高齢者等の避難支援に関する検討会、2005年『避難勧告等の判断・伝達マニュアル作成ガイドライン』内閣府。

消防庁、2009年『市町村における避難勧告等に係る発令権限、発令基準及び伝達方法状況調査結果』。

消防庁、2013年『避難勧告等に係る具体的な発令基準の策定状況調査結果』消防庁。

水害時における情報収集・伝達検討会、2005年『水害時における情報収集・伝達検討会 報告書』豊岡市。

杉並区都市型水害対策検討専門家委員会、2006年『新たな都市型水害の減災に挑む(政策提言)～杉並区都市型水害対策検討専門家委員会報告書～』杉並区。

総務省消防庁、2007年『千島列島を震源とする地震による津波に対する地方公共団体の対応状況及び今後の対応』。

田辺市、2012年『平成23年台風第12号による災害の記録』。

手塚 洋輔、2010年『戦後行政の構造とディレンマ─予防接種行政の変遷』藤原書店。

東京都、2013年『大島の応急復旧に向けた取組について』。

東京管区気象台2013年『平成25年 台風第26号に関する東京都気象速報』。

内閣府、2013年「平成25年台風第26号による被害状況等について(第30報)」。

中村 功、2008年「避難と情報」吉井 博明・田中 淳編『シリーズ災害と社会5 災害危機管理論入門』弘文堂、pp153-176。

林 優樹・加藤 尊秋・谷延 正夫・梅山 吾郎・山下 倫央・野田 五十樹、2014年「主要都市における災害時意思決定ネットワークの分類:避難勧告発令及び避難所開設に着目して」地域安全学会『地域安全学会論文集』(印刷中)。

兵庫県台風第9号災害検証委員会、2010年『平成21年台風第9号災害検証報告書』兵庫県。

平川 秀幸、2002年「リスクの政治学─遺伝子組み換え作物のフレーミング問題」小林 傳司

編『公共のための科学技術』玉川大学出版部、pp109-138。

廣井 脩・吉井 博明・山本 康正・木村 拓郎・中村 功・松田 美佐、1991年「平成3年雲仙岳噴火における災害情報の伝達と住民の対応」平成3年度文部省科学研究費重点領域研究(1)災害時の避難・予警報システムの向上に関する研究、課題番号(0320119)。

廣井 脩・市澤 成介・村中 明・桜井 美菜子・村尾 一郎・柏木 才介・花原 英徳・中森 広道・中村 功・関谷 直也・宇田川 真之・田中 淳・辻本 篤・鄭 秀娟、2003年「2000年東海豪雨における災害情報の伝達と住民の対応」東京大学大学院情報学環『情報学研究 調査研究編』第19号。

廣井 脩・中村 功・田中 淳・福田 充・中森 広道・関谷 直也・森岡 千穂、2005年「2004年7月新潟・福島豪雨における住民行動と災害情報の伝達」東京大学大学院情報学環『情報学研究 調査研究編』第23号、pp163-285。

福長 秀永、2011年「災害の切迫性と警報・メディア～2010年奄美豪雨の事例から～」NHK放送文化研究所『放送研究と調査』3月号、pp36-47。

防府市豪雨災害検証委員会、2010年『防府市豪雨災害検証報告書』防府市。

丸尾 浩、2003年『河川管理責任と訴訟事例』国土交通省国土交通大学校。

矢守 克也・重川 希志依・林 春男、2004年「トレードオフを伴う意思決定過程として見た災害対応過程」地域安全学会『地域安全学会論文集』No.6、pp277-282。

吉井博明、2005年「災害と情報―問われる自治体の情報力」市町村アカデミー監修『市町村アカデミー叢書Vol.6 防災対策と危機管理』市町村アカデミー、pp191-192。

吉井 博明、2008年 a「災害危機管理とは」吉井 博明・田中 淳編『シリーズ災害と社会3 災害危機管理論入門』弘文堂、pp18-31。

吉井 博明、2008年 b「応急時の災害情報の活用に関する課題」田中 淳・吉井 博明編『シリーズ災害と社会7 災害情報論入門』弘文堂、pp268-275。

吉井 博明、2013年「自然災害と事業所の責任 日和幼稚園の判決をめぐって」一般財団法人日本消防設備安全センター『月刊フェスク』No.386、pp3-9。

第2章

災害時の避難行動

日本大学　法学部　教授
福田　充

1. はじめに

　自然災害や大規模事故の社会科学的な研究において、中心的役割を担ってきたのは避難行動の研究である。自然災害や大規模事故など危機的な状況において、それに巻き込まれた住民が危機的状況から避難することにより、被災者の生命は守られる。被災者の生命を守るためにもっとも重要な要素はこの避難行動であると言っても過言ではない。

　避難とはその漢字で示されるとおり難を避けることであり、危機的な状況に巻き込まれることを避けて事前に安全な場所に移動したり、屋内退避など対応行動をとることである。この論考では、自然災害や大規模事故などの避難行動について考察したい。

　昨今重要な一研究領域を形成するにいたった災害情報研究においても、避難行動の研究は長年にわたり重要な研究を蓄積してきた。例えば、2011年の東北地方太平洋沖地震がもたらした東日本大震災における大津波での避難行動の研究は、中村ら（2012）や、福田（2012）など枚挙にいとまがない。また同じく津波を例に出せば、十勝沖地震津波に関する避難行動については廣井ら（2005）の研究に詳しい。さらに大雨、豪雨がもたらす河川氾濫の避難行動については、廣井ら（2005）の新潟・福島豪雨水害の研究や、廣井ら（2005）による兵庫県豊岡水害の研究、福田ら（2000）の那須水害の研究もある。さらに火山災害については、三宅島噴火災害に関する廣井ら（2001）の研究があり、土砂災害や土石流災害については、福田ら（1998）による鹿角市八幡平土石流災害の研究もある。こうした災害情報研究の歴史の中で、これらの災害調査、被災者調査によって、避難行動の重要性が明らかになってきたのである。

2. クライシス・コミュニケーションとしての避難行動

　2011年3月11日午後2時46分に発生した東北地方太平洋沖地震では、大地震発生3分後の2時49分に気象庁が大津波警報を発表した。そのときの警報では岩手県で津波3メートル、宮城で6メートル、福島で3メートルという速報値による津波予測であった。結果的にこれは非常に低く予測された数値であり、住民の避難行動に悪影響を与えた。この気象庁が発表した大津波警報が自治体やメディアに伝えられ、自治体の防災行政無線や広報車、または民間のテレビやラジオ、インターネットなどのメディアを通じて、東北沿岸部の住民に第1報として伝達された。さらに気象庁は地震発生後から約40分後、津波10メートルと修正して第2報を発表した。

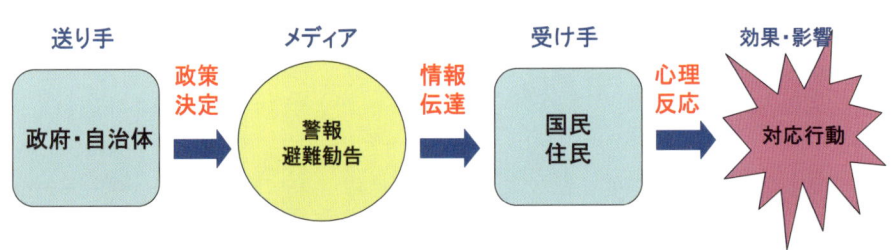

図表1　災害発生時のクライシス・コミュニケーション・モデル（福田, 2010）

このように避難行動は図表1のように、政府や気象庁、自治体が出した警報や避難勧告の情報を、何らかのメディアを通じて住民が受け取り、その情報への対応行動として避難行動をとることがある。このような流れをクライシス・コミュニケーションと呼ぶことができる（福田, 2010）。こうしたクライシス・コミュニケーションが上手く成立してはじめて、住民の避難行動は成功し、住民の生命は守られるのである。

　住民の避難行動が成功するためには、まず政府や気象庁、自治体が災害対策基本法や地域防災計画を法的かつ政策的に整備することが重要であり、この 1) 法的対応段階がある。これが整備されて後、警報や避難勧告を流すためのメディアの整備が行われる。自治体の防災行政無線の設置や、その放送文の作成、またテレビやラジオやインターネット等で警報や避難勧告を流すための整備が必要となる、2) メディア的対応段階がある。こうして警報や避難勧告がメディアを通じて住民に伝達された後、被災地の住民が避難などの対応行動をとるかどうか、それが最終的に重要になる。これが 3) 社会心理的対応段階である。どんなに、1) 法的対応段階が整備され、2) メディア的対応段階が整備されても、住民の中に 3) 社会心理的対応段階が準備されていなければ、このクライシス・コミュニケーションは失敗し、住民は避難行動をとらない。クライシス・コミュニケーションを成功させるためにはこの3段階をすべてクリアする施策が必要になる。とくに、3番目の住民の社会心理的段階をクリアしてはじめて住民は避難行動をとれるのであり、この住民の避難行動をもたらす社会心理的問題を考察する必要がある。

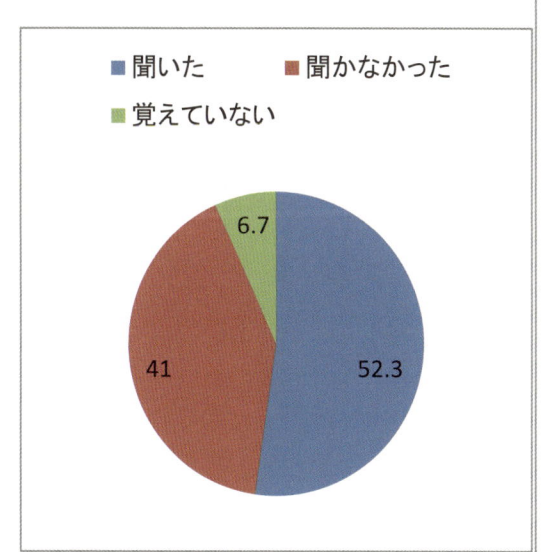

図表2　大津波警報を聞いたかどうか（%）

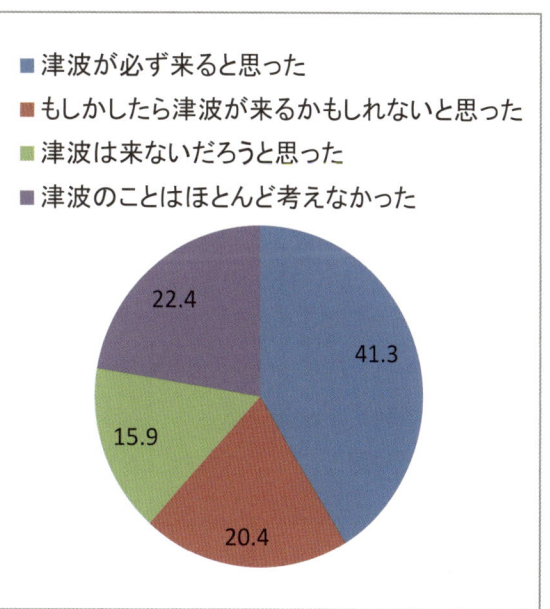

図表3　津波に対する意識（%）
（中村・中森・福田, 2012.　N=642）

中村・中森・福田（2012）による東日本大震災の被災者調査の結果をみると、地震直後に大津波警報を聞いた被災者は52.3%であるが、大津波警報を聞いていない被災者も41%いることがわかる（図表2）。地震によって発生した停電や通信基地局、アンテナの故障などでテレビやパソコン、インターネットが使えなくなった状況が東北被災地各所で発生したため、さまざまなメディアから大津波警報が住民に伝わりづらくなった。その結果、多くの被災者が、大津波警報が出たことを知らない状況が発生した。大津波警報を聞いた52.3%の被災者は警報を聞いたことで避難行動をとったクライシス・コミュニケーションの成功例ということができるが、大津波警報を聞かなかった41%の被災者も津波の被害を免れ、避難に成功している実態をどう考えるべきだろうか。それは東北の沿岸部住民の津波に対する意識の高さと関連している。地震直後に津波が来ると思ったかどうかその意識について質問した結果が図表3である。「津波が必ず来ると思った」住民は41.3%、「もしかしたら津波が来るかもしれない」と思った住民が20.4%いたことがわかる。つまり、大地震のあと、約6割の住民が津波の発生を想起したことが、住民の素早い避難行動につながったと考えられる。大津波警報を聞けなかった住民にも、津波の発生を意識し、自主的な判断で避難行動をとった被災者が多くいたのである。

インタビュー調査で面談した福島県いわき市在住のある70代男性は、自宅で地震に遭ったという。チリ地震津波など過去の経験から、津波が来ると判断したため自宅近くの高台に徒歩で避難を始めた。しかしながら、逃げる途中で津波に遭い、近所のガソリンスタンドの裏に積み上げられたタイヤの山に登りしがみつき難を逃れたという。その後徒歩で山の上のカントリークラブに避難した。ラジオでも防災行政無線でも大津波警報を聞いていない状況で、自己判断による避難であった。

災害が発生したとき、どのような心理的過程を経て、人々は避難するのか、どのように考え、どのように行動した人が助かるのか、これまでの災害における被災者調査の結果から、避難行動の実態について引き続き考察したい。

3．避難行動の決定要因

引き続き、災害時の避難行動につながる住民の社会心理的要素を考察したい。住民はどのような心理的プロセスを経て、避難行動に移るのだろうか。避難行動において重要な要素は、①発生可能性の認知、②時間的切迫性の認知、③情報量、④知識・経験の4要素である（福田, 2012）。

避難行動　＝　①発生可能性認知×②時間的切迫性認知×③情報量×④知識経験

地震や豪雨が発生したとき、それが津波や洪水や土砂崩れなどの災害をもたらすかどうか、住民はその災害の①発生可能性を判断する。それが重要な心理的プロセスの第1段階である（Perry, 1979）。それに失敗すれば避難行動は採用されない。発生可能性が認知されることで、被災者の意識の中で災害が発生している「状況の再定義」が行われる（池田, 1986）。発生可能性が認知されれば、その災害がどれくらいの時間で自分を襲うか、②

```
<避難行動の 5W1H>
誰が        WHO
いつ        WHEN
どこに      WHERE
何を        WHAT
なぜ        WHY
どのように  HOW      避難するか。
```

時間的切迫性が判断される (Bronner, 1973)。時間的余裕がなく危機が切迫していると判断されれば、素早い避難行動が採用され、そう判断されなければ、避難行動は採用されないか遅れることになる。そして、その災害に関する情報をどの程度入手することができるかどうか、③情報量が重要となる。自己の判断だけでなく、テレビやラジオ、ネットなどからの情報収集や、自治体からの防災行政無線などのメディアからの警報や気象情報、避難勧告などの情報が多いほど、住民は判断材料が増えることになる。それらの情報が避難行動を求めるものであれば、住民が避難行動を採用する確率が高まる。そして最後に、住民は自分がかつて実際に経験した災害での記憶や知識を頼りにして避難行動を決定する。それが④知識経験の段階である。この知識や経験が上手く運用されれば、的確な避難行動が採用される。知識や経験によって蓄積される災害対応のための「行為スクリプト」をどれくらい持っているかが、避難行動にとって重要な変数となる（池田, 1988）。さらにこれらの4つの要因だけでなく、災害に対する適度なリスク不安なども重要な要因として考えることができる（福田, 2010）。

そして、避難することが決定された場合、続いてどのように避難するかを判断する。これまでも、災害時における人々の合理的意志決定は心理学的にも研究されてきた（Perry, 1979）。そのときに重要なのが、「避難行動の5W1H」である。避難行動の5W1Hとは、災害時に、誰が（WHO）、いつ（WHEN）、どこに（WHERE）、何を（WHAT）、なぜ（WHY）、どのように（HOW）避難するかという重要な判断要素である。

3．1．誰が避難し、誰が避難しないのか（WHO）

2003年に発生した十勝沖地震による津波に対する被災者の避難行動に関する廣井ら（2005）の調査では、避難行動を促進すると考えられる個人的属性について分析がなされている。十勝沖地震において被災地における調査対象者全体の55.8％が津波に対して避難行動をとったが、これは地域差が非常に大きい実態が明らかになった。十勝沖地震の津波が襲った豊頃町での避難率は92.9％、広尾町での避難率は86.2％であったのに対し、厚岸町では46.8％、静内町では35.4％、釧路市では19.9％と避難率が低いことが判明した。この津波に対する地域間格差は重要な問題であり、自治体と地域住民の両方で避難に

関する意識を高める必要がある。また、性別でみると避難率が高かったのは女性であり（カイ2乗検定：p<0.01）、職業では漁業関係者（カイ2乗検定：p<0.001）、主婦（カイ2乗検定：p<0.001）の避難率が高い傾向が見られた。また心理的な要因をみると、津波に対する不安度が高い人ほど（カイ2乗検定：p<0.001）、津波に対して時間的な切迫性を感じている人ほど（カイ2乗検定：p<0.001）、避難行動をとっていることが明らかになった。

また、中村・中森・福田（2012）による東日本大震災における被災者へのアンケート調査によると、大震災の生存者である被災者の中で、大津波が襲来する前に避難した被災者は86.8％であった。東日本大震災に関する内閣府調査（2011）では、直後避難が57％、用事後避難が30.7％、切迫避難が10.8％と似た傾向を示している。中村・中森・福田（2012）の東日本大震災の調査において、地震後にすぐに避難した被災者の傾向を多変量解析で分析した結果、性差や年齢差は関係なく、調査地区とやや弱い関連がみられ、重回帰分析の結果、自宅から海までの距離（β=-0.162, p<0.001）、大津波警報の聴取（β=0.157, p<0.001）が重要な要因であることが明らかになった。

集中豪雨や台風による洪水、水害においても避難行動は重要であるが、吉井ら（2007）による平成18年7月鹿児島県豪雨水害でのさつま町での住民調査の結果を見ると、水害によって「自宅が浸水する前に避難した」早期避難者は47.6％、「自宅が浸水した後避難した」避難遅延者は46.3％と全体的には拮抗しているが、図表4のように、女性の方がより早期避難している割合が高く（カイ2乗検定：p<0.001）、年齢をみると、70代以上の高齢者の方が早期避難している割合が高く、50歳以下の若い年齢層ほど割合が低いことがわかる（カイ2乗検定：p<0.05）。この傾向には、災害時において高齢者や女性を先に避難させる文化が反映されているが、その反面、避難が後回しになりやすい男性や若年層の避難行動の問題を提起しているともいえる。

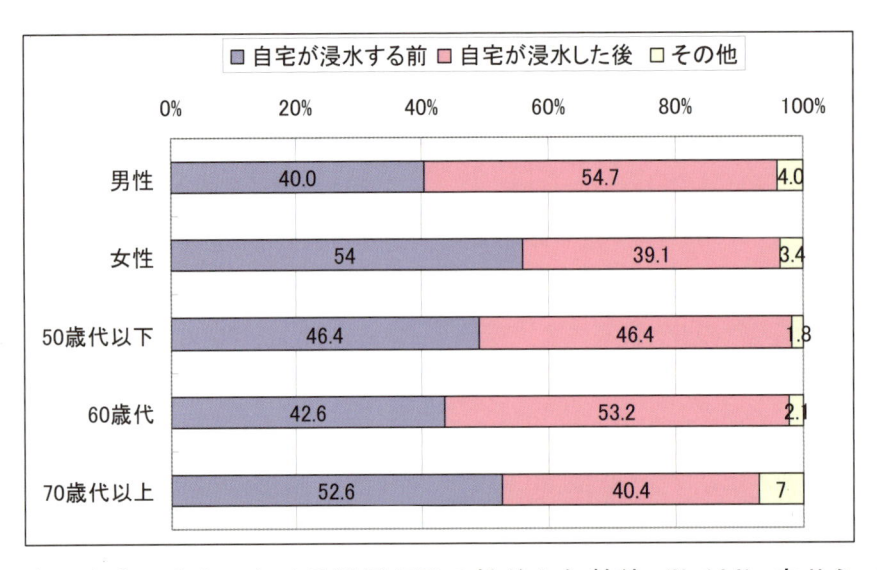

	自宅が浸水する前	自宅が浸水した後	その他
男性	40.0	54.7	4.0
女性	54	39.1	3.4
50歳代以下	46.4	46.4	1.8
60歳代	42.6	53.2	2.1
70歳代以上	52.6	40.4	7

図表4　鹿児島豪雨水害における避難行動の性差と年齢差（N=164）吉井ら（2007）

このように誰が避難し、誰が避難しないのか、地域差や年齢、性別、職業、性格などデモグラフィック属性や心理特性などを検証し、住民の避難行動を高めるための方策に活かす必要がある。

3．2．いつ、どこに避難するか。（WHEN）（WHERE）

津波や洪水などの水害では、いつ、どこに避難するかによって、生死が分かれることがある。避難行動において、いつ避難するか、どこに避難するかは非常に重要な問題なのである。

中村・中森・福田（2012）の東日本大震災調査をみると、いつ被災地の住民が津波の避難を開始したか（WHEN）、そのタイミングを示したのが図表5である。「揺れている間」に避難を開始した住民は7.4％に過ぎないが、「揺れが収まった直後」に避難を開始した住民が31.1％いることがわかる。津波の避難行動では正しいといえる地震の「揺れが収まった直後」に避難を開始した住民の割合は、調査対象地域別にみると陸前高田市（36.2％）や南三陸町（37.4％）で高く、仙台市・名取市（26.1％）や山元町（22.2％）と低いことがわかる。この地域差は、地震と津波に対する住民の意識の差であると考えられる。「揺れが収まってから10分くらいの間」で避難した住民は23.2％、「揺れが収まってから20分くらいの間」で避難した住民は16.7％。揺れが収まってから10分以内に避難を開始した住民が61.7％、20分以内に避難を開始した住民が78.4％であることがわかった。この避難開始時間の早さが、津波で生存するための非常に重要な要因であることがわかる。

続いて重要なのが、どこに避難したか（WHERE）である。同じく東日本大震災を事例に、中村・中森・福田（2012）の調査データで考察すると、津波からの避難場所について示したのが図表6である。全体的傾向をみると、「指定された避難場所」に避難した住民は半数に満たない41.8％であることがわかった。その他に、「指定されていた避難場所ではない、近くの高い建物」に避難した住民が8.4％、「指定されていた避難場所ではない、近くの高台や山などの高い場所」に避難した住民が27.1％、「安全そうな場所にある近くの知人、親戚などの家」に避難した住民が11.3％など、指定された避難場所でない、それ以外の場所に避難した住民が過半数の58.2％いることが明らかになった。

災害時においてどこに避難するかは、災害の種類や住民が置かれた状況によって多様であり、解釈は困難であるが、理想的な状態は災害の被害から避難場所が安全な場所に計画、設置されていて、避難路の安全が確保されていることである。しかしながら、災害によっては、地震や土砂崩れなどによって避難場所自体が被災し安全な状態にない場合や、避難路が災害によって損壊し失われている場合も発生する。実際、東日本大震災では、自治体によって指定された避難場所自体が津波で流され多くの命が失われた事例が発生した。地震発生後、津波から逃れるためにどこに避難したかが非常に重要な鍵となったのである。

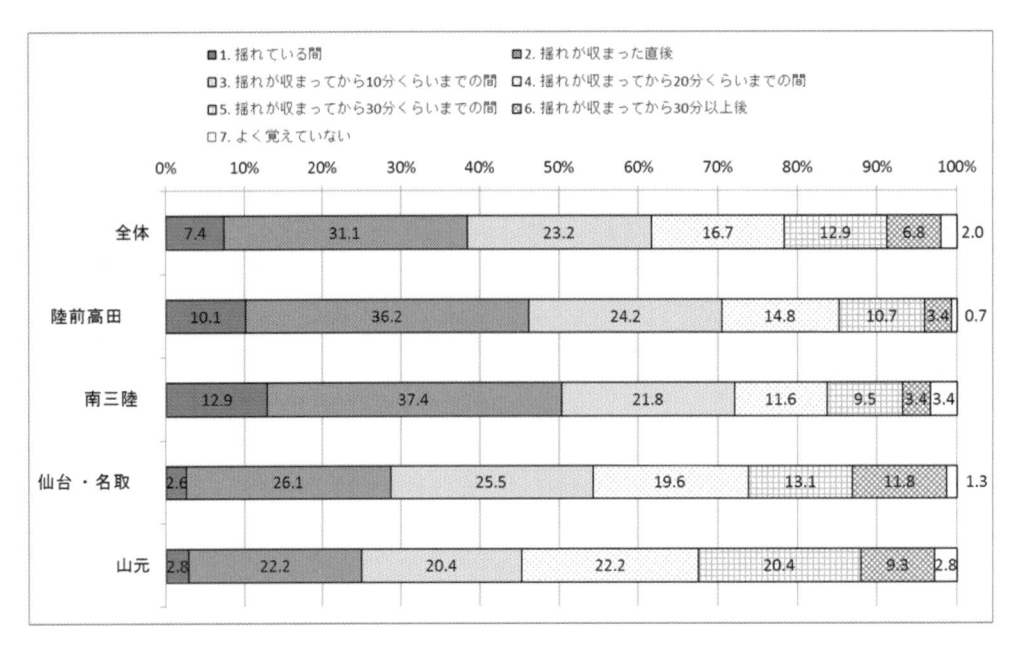

図表5　地震発生後の避難開始までの時間（N=642）　　中村・中森・福田（2012）

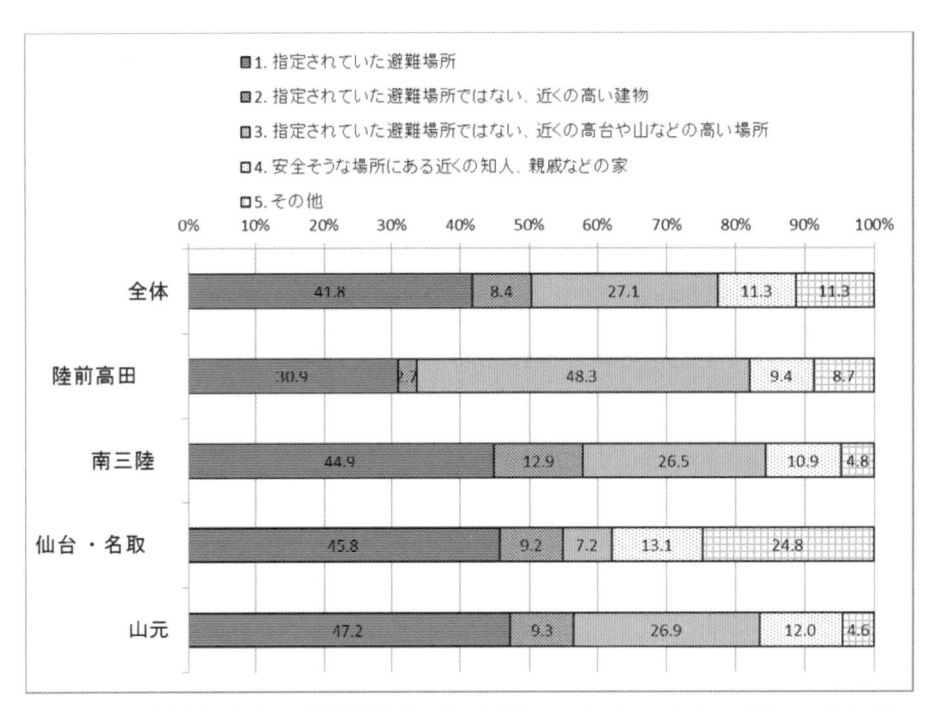

図表6　地震発生後の避難場所（N=642）　　中村・中森・福田（2012）

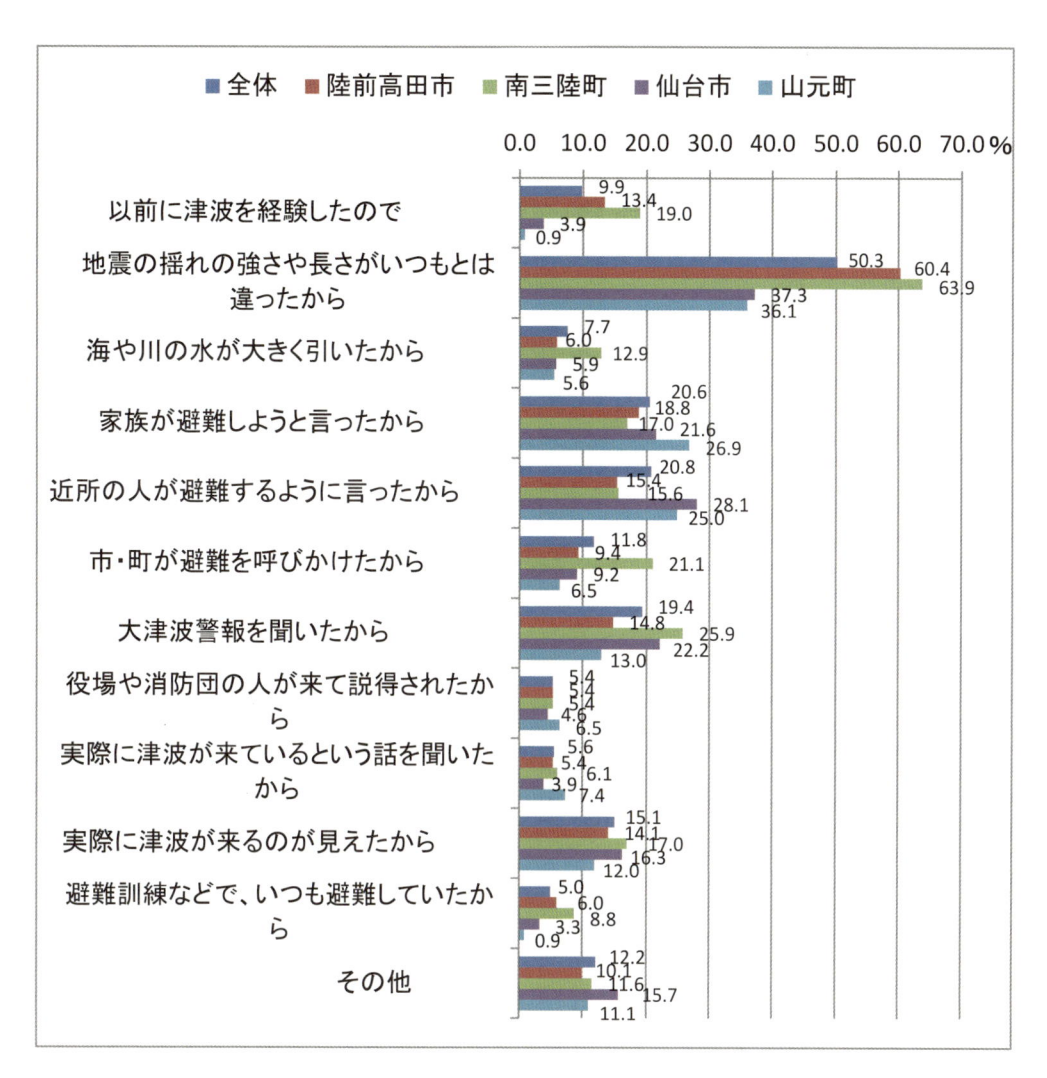

図表7　東日本大震災で避難した理由　（N=557）　中村・中森・福田（2012）

3．3．なぜ避難するか（WHY）

　住民が避難行動を起こすためのきっかけとして一番重要なのは、避難するための合理的理由である。中村・中森・福田（2012）による東日本大震災調査のデータをみると、被災者が避難した理由は図表7のような結果となった。

　東日本大震災の被災者が津波から避難行動をとったもっとも大きな理由は、「地震の揺れの強さや長さがいつもとは違ったから」（50.3％）であった。この理由は、陸前高田市（60.4％）や南三陸町（63.9％）で高く、仙台市（37.3％）や山元町（36.1％）で低い傾向がみられた。この大津波警報や避難指示によらない、大地震の感知による直感的な津波発生可能性の認知が素早い避難行動に結びついたと考えることができる。「大津波警報を聞いたから」は19.4％に過ぎず、「市・町が避難を呼びかけたから」も11.8％に過ぎない。「家族が避難しようと言ったから」が20.6％、「近所の人が避難するように言ったから」が20.8％と、周りの人間による影響も少なからずあることがわかる。このように、避難行動をとる理由は多様であり、たとえ直感的に自分の判断で避難行動をとることができなかった場合でも、警報や避難勧告が住民

に伝えられ、家族や周辺住民からの呼びかけがあり、避難訓練の経験があったことが避難行動を起こす要因のひとつになれば、これらの試みは決して無意味ではない。

　また廣井ら（2005）による豊岡水害調査では、避難行動をとった理由として、「避難勧告・避難指示を聞いたから」と回答した住民が51.9%ともっとも多くなっている（図表8）。次いで「家族や近所の人に勧められて」と回答した住民が33.7%、「同報無線を聞いたので」と回答した住民が24%という結果となっている。この豊岡洪水によって「家が浸水して生命の危険を感じたから」という住民は11.5%、「自宅が浸水する危険を感じたから」という住民は25%と少なく、洪水の危険を直接認知して避難した住民は少数であったことがわかる。つまり、水害の被害が発生する前に避難勧告や避難指示が出され、発災以前に同報無線や口コミで住民に避難行動が促されるクライシス・コミュニケーションの重要性が理解できる。

　それに対して、吉井ら（2007）による鹿児島水害調査では、「避難勧告を聞いたから」避難した住民は15.9%に過ぎず、「町の職員、警察官、消防団員などに勧められて」避難した住民は24.4%と、行政からのクライシス・コミュニケーションによって避難した住民は合わせて4割程度であったことがわかる（図表9）。住民への避難勧告や警報伝達というクライシス・コミュニケーションに失敗した結果、「自宅周辺が浸水したのをみたから」避難した住民が54.3%、「実際に家が浸水して、危険を感じたから」避難した住民が46.3%と半数も発生したことを示している。事前に避難行動をとれず、実際に自分や周辺の住民が被災してはじめて避難行動を始めた被災者が発生したことは、災害対策の失敗であり、行政の責任が問われることになる。

避難理由	%
家が浸水して生命の危険を感じたから	11.5
自宅が浸水する危険を感じたから	25.0
避難勧告・指示を聞いたから	51.9
川が越水・決壊したと聞いたから	19.2
家族や近所の人に勧められて	33.7
市の職員、警察官、消防職員などに勧められて	2.9
消防団員や自治会の役員などに勧められて	8.7
停電や断水で生活できなくなったから	3.8
自宅が浸水して生活できなくなったから	8.7
車を高台に避難させようと思ったから	17.3
同報無線を聞いたので	24.0
その他	8.7

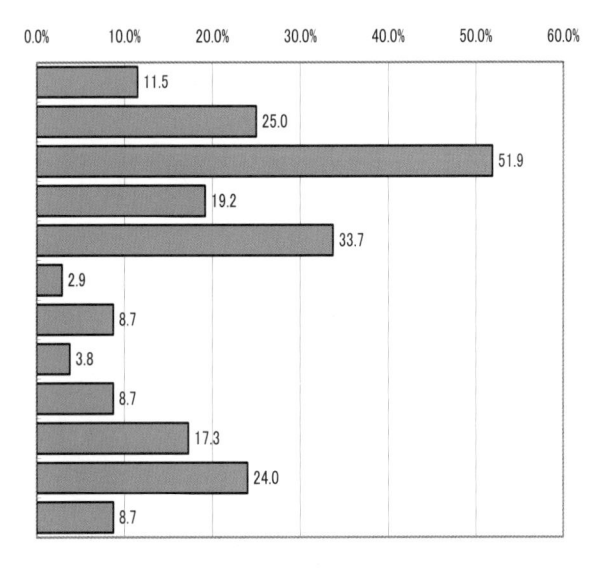

図表8　豊岡水害における住民の避難行動の理由（N=104）　廣井ら（2005）

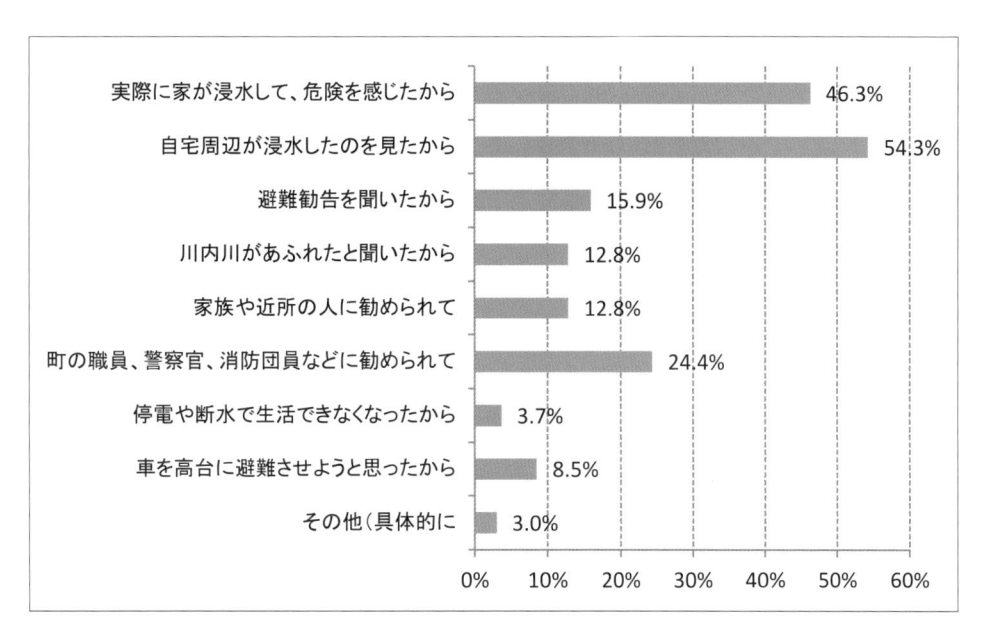

図表9　鹿児島水害における避難行動の理由（N=164）　吉井ら（2007）

3．4．どのように避難するか（WHAT）(HOW)

避難行動をとる際に、具体的に判断が必要となる問題のひとつが、避難の方法、手段である。安全な場所に移動するためにどのような方法で避難するかという決断が、生き残れるかどうかを決定する場面がある。

東日本大震災における被災者が津波からどのような手段で避難したかを示したのが、図表10である。中村・中森・福田（2012）の調査によると、全体では「歩いて避難した」住民の割合は33.0%、「走って避難した」住民が10.2%と合わせて43.2%の住民が自分の足で避難をした反面、67.5%の住民が「車で避難した」ことがわかる。この避難方法に関しては地域差が大きく、車による避難は仙台・名取市で76.5%、山元町では90.7%の住民が車で避難したことが明らかとなった。「その他」の回答は、自転車やオートバイなどが含まれる。一方で洪水の例をみると、吉井ら（2007）によると、鹿児島水害では歩いて避難した住民が約47.6%、車で避難した住民が30.5%であった。

この車避難の問題は難しく、車に乗った結果、道路が渋滞したことにより避難が遅れ、津波に巻き込まれたケースなどもあり、車避難の問題が指摘されたこともあったが、反対に避難所が自宅から遠く、徒歩による避難に時間がかかる場合などもあり、車による避難によって迅速な避難ができるケースもある。徒歩で避難するか、走って避難するか、自転車やバイクで避難するか、車で避難するか、その手段を合理的な判断により選択することが必要である。津波や洪水、土砂災害などの避難行動は時間との戦いであり、①自宅や職場から避難場所までの距離、②避難路の状況、③時間的切迫性などを考慮した上で、もっとも合理的な避難の手段を選択する必要がある。

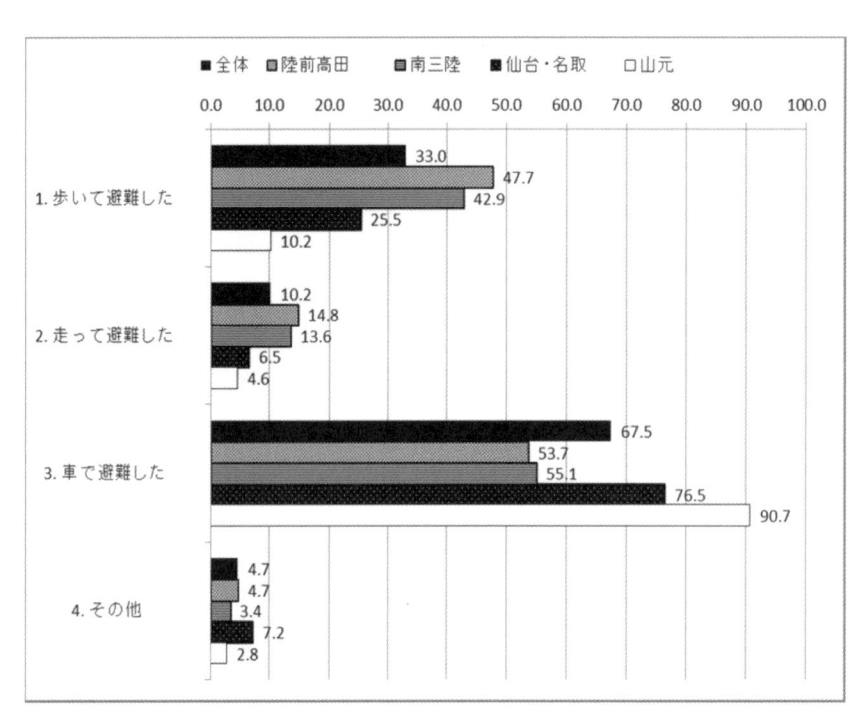

図表１０　東日本大震災における避難の手段（N=642）　中村・中森・福田（2012）

４．避難行動を阻害する要因

　自然災害や大規模事故が発生したとき、住民が迅速に避難することが望ましいが、すべての住民が避難するわけではない。むしろ、こうした危機事態においてなかなか避難しない住民が発生するという問題点が、災害事例や調査研究により明らかになっている。福田（2012）で紹介されている事例は、実際に東日本大震災の被災地における避難所で実施されたインタビューで聞き取られたものであるが、東日本大震災においても、実際に避難が間に合わず亡くなった犠牲者は大量に発生した。地震が発生して１人で避難したあと、自宅に残っている祖母を助けに行って一緒に津波に流された高校生、地震が発生した後も自営業の食品店で客の対応をして逃げ遅れた店主、地震後に自宅のシャッターを閉めて家に閉じこもり、避難しなかったために死亡した家族など、津波の避難に失敗した事例が東日本震災では数多く発生した。そうした避難しなかった人々、避難に失敗した事例に共通する阻害要因がある。避難行動を阻害する要因には様々なものがあるが、それは３つに大別することができる（福田,2012）。その要因は、①物理的阻害要因、②社会的阻害要因、③心理的阻害要因の３タイプである。

　まず①物理的阻害要因とは、地震や土砂崩れなどが発生して崩れた家に身体を挟まれたり、閉じこめられたりすることで避難ができないような事態、または、災害の被害で避難路が損壊することで避難が困難な事態など、物理的に避難が困難なケースが含まれる。また、避難しようにも病気のため動けない、または寝たきりで動けないといったケースや、避難所が遠くて車など移動手段がないと避難できないような物理的条件によるものがこの要因に含まれる。これは主に高齢者や病人、体の不自由な人々などの災害弱者や、山間部など過疎地域の住民の中で発生しやすい。新潟水害で亡くなった犠牲者の多くは、物理的に避難が困難であった災害弱者であ

った（廣井ら, 2005）。この物理的阻害要因によって避難ができず災害時に犠牲になる住民が多く発生する。この物理的阻害要因による被害を減らすためには、災害時における要援護者の指定とその要援護者の避難体制の構築が必要である。病院や介護施設の入院患者、収容者をまとめて避難させる避難計画の構築が求められる。また、避難場所である学校や公民館などの頑健性を高めると同時に、その避難場所に通じる避難路の頑健性を高めることが重要である。

次に、②社会的阻害要因とは、家族や職場などでの人間関係が原因となる避難阻害要因である。例えば、職場において部下を先に避難させることで責任者が逃げ遅れることがある。または、店舗における来場客を先に避難させることで、従業員の避難が遅れることがある。これは企業の社会的責任において合理的で理性的な避難を実践するために必要な対応であるが、時間的切迫性が高いとき、来場客を優先的に避難させた上で、従業員が安全に避難できるだけの余裕を持った避難体制の構築が求められる。これは、災害時に被害者を救助したり、避難誘導をしたりするファースト・レスポンダーである警察や消防の担当者にもあてはまるジレンマである。またそれだけではなく、災害が発生したとき、学校に通っている子どもが自宅に戻ってくるまで待って一緒に避難しようとして避難が遅れる場合がある。また職場にいる家族が帰宅してそろってから避難しようとして避難が遅れる場合がある。自宅にいる高齢者や寝たきりの家族を迎えに行って避難が遅れ、ともに犠牲になる場合がある。このように、家族でまとまって、家族を伴って避難しようとする行動が避難の遅れにつながり、家族全員が犠牲になるケースが発生するのも、社会的阻害要因の一つである。津波の場合には特に時間的切迫性が高く、こうした家族を伴った避難をしないために、各個人がばらばらに避難する「津波てんでんこ」の言い伝えが東北で実践され、東日本大震災でも釜石小学校で発揮されたことは有名な事例である。

そして最後に③心理的阻害要因には、A）正常化の偏見、B）未経験・無知、C）経験の逆機能の3種類がある。「正常化の偏見（normalcy bias）」とは、実際に災害が発生した段階、または災害が目前に迫っている段階においても、「ここには大きな被害は発生しないだろう」とか、「自分だけは助かって無事だろう」と住民が思い込もうとする自己防衛的心理が発生して、避難行動をとろうとしない現象のことである（Turner, 1976）。災害において自己に危機が迫っていても、平常時の判断枠組みの中で解釈、意志決定しようとして、危機という客観的事実を認めようとしない心理的態度のことである。自分に起きることについて最悪の事態を想定せず、危険な状況を想像することを避けることで、避難行動が阻害される（Quarantelli, 1980）。これまでの研究においても、福田ら（2000）の那須集中豪雨水害調査や、廣井ら（2005）の新潟・福島豪雨水害調査など数多くの調査において、被災者の意識の中にこの正常化の偏見が検証されている。

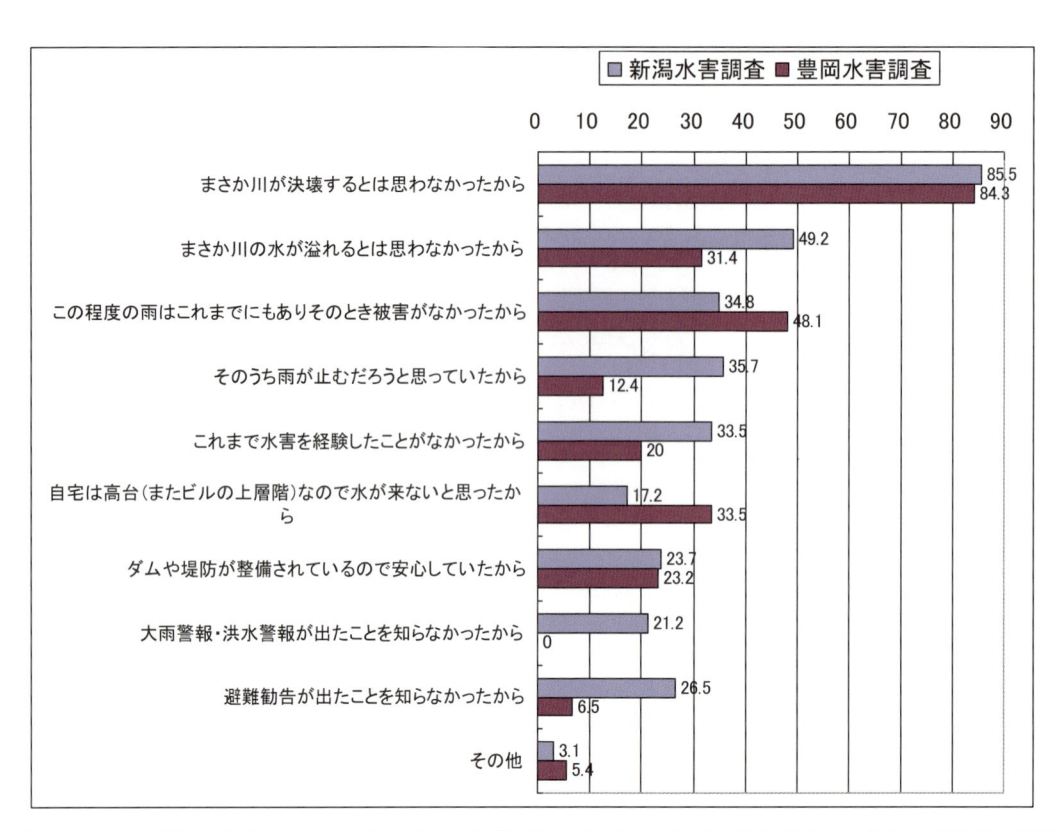

図表11　新潟水害と豊岡水害における避難しなかった心理的要因　福田・関谷（2005）

理由	新潟水害調査	豊岡水害調査
まさか川が決壊するとは思わなかったから	85.5	84.3
まさか川の水が溢れるとは思わなかったから	49.2	31.4
この程度の雨はこれまでにもありそのとき被害がなかったから	34.8	48.1
そのうち雨が止むだろうと思っていたから	35.7	12.4
これまで水害を経験したことがなかったから	33.5	20
自宅は高台（またビルの上層階）なので水が来ないと思ったから	17.2	33.5
ダムや堤防が整備されているので安心していたから	23.7	23.2
大雨警報・洪水警報が出たことを知らなかったから	21.2	0
避難勧告が出たことを知らなかったから	26.5	6.5
その他	3.1	5.4

「未経験・無知」という心理的要因は、その災害に対して「今まで経験したことがない」とか、「知らなかった」という理由によって避難行動を阻害する。人は、今まで経験したことがないことや、知らないことに対して、どのように対応すべきかという知識や答えを持っていない。そのため、対応行動や避難行動を指示する、警報や避難勧告のクライシス・コミュニケーションがなければ、このタイプの住民に対して避難行動を促すことはできない。「未経験・無知」を解消するためには、災害に関する社会教育というリスク・コミュニケーションが必要である。こうした事前の社会教育により、「未経験・無知」は改善され、さらに、災害時の警報や避難勧告の情報伝達によって、この心理的阻害要因は克服することができる。

「経験の逆機能」という心理的要因はより複雑な構造を持つ。災害常襲地域に生活する住民は、過去に災害経験や豊富な知識を持っていることが多い。しかしながら、その過去の災害経験や経験則に基づいた知識が、逆効果を生むことがある。例えば、「今までの津波は地震後だいたい1時間くらいで来た」とか、「ここに来る津波はいつも1メートルくらいだ」という偏った個人的経験だけで、次の災害も同じ現象が発生すると判断することで、間違った対応行動をとることにつながる。当然、地震の大きさや震源の深さによって津波の大きさは異なり、また震源地と陸地との距離によって津波が何分で陸地に到着するかは決まるのであって、津波の高さや到達時間は毎回その災害によって変化するのである。偏った自分の経験だけで、津波が1時間後に来ると判断し30分かけて荷物をまとめている間に津波が到達することはあり、

過去に1メートルの津波しかこなかった海抜5メートルの場所に10メートルの津波が来ることはあり、その結果、避難行動をとらずに犠牲になる。これが「経験の逆機能」の問題点である。こうした「経験の逆機能」をなくすための、災害の社会教育が必要になる。

こうした「正常化の偏見」や「未経験・無知」「経験の逆機能」という心理的阻害要因は、新潟水害や豊岡水害でも発生したが、図表11のように災害によってどの傾向が強く発生したかは異なるのである。そして、これらの正常化の偏見や経験の逆機能を乗り越えることができる、住民の避難行動への意志決定プロセスにおいて、「状況の再定義」を引き起こさせるコミュニケーション方略が必要になる（池田, 1986）。

5. おわりに

これまで考察してきたように、さまざまな災害で住民がとる避難行動はその災害の事例によって多様であるが、その傾向には共通点があり、考慮すべき変数にもパターンがあることがわかる。例えば、避難行動をもたらす意志決定のプロセスで重要な要素は、①発生可能性の認知、②時間的切迫性の認知、③情報量、④知識・経験の4要素である。また、避難行動に必要な要素は、5W1Hである。つまり、誰が（WHO）、いつ（WHEN）、どこに（WHERE）、何を（WHAT）、なぜ（WHY）、どのようにして（HOW）避難するか、この決定が重要なのである。自治体やメディアにとって必要なのは、その避難行動を支援することであり、その支援が事前のリスク・コミュニケーションであり、事後のクライシス・コミュニケーションであるといえる。

さらに、避難行動を阻害する要因も存在し、それは①物理的阻害要因、②社会的阻害要因、③心理的阻害要因にパターン化できる。これらの避難阻害要因を克服することが、災害時の避難行動に求められる。特に③心理的阻害要因は、メディアを通じた警報や避難勧告などのメッセージ内容の工夫、改善によって、さらには住民への社会教育の徹底によって克服することが可能である。例えば、Mileti & Sorensen（1987）は、災害時における効果的警報コミュニケーションの原則を提示している。災害時において被災者が効果的に避難行動を実行するためには、①警報のメッセージがわかりやすくて正確であること、②警報のメッセージに人々がとるべき対応行動が具体的に明示されていること、③警報のメッセージが繰り返し何度も発信されること、④警報が複数のメディア、チャンネルで伝えられること、などである。

災害時における住民の避難行動をより適切なものにするためには、避難行動のための災害警報とそのメッセージ内容の検討、災害警報を伝えるメディアの頑健性の向上など、災害警報によるクライシス・コミュニケーションの体制強化が必要である。

参考文献

Barton,A.H.（1969） *Communities in disaster: a sociological analysis of collective stress situations*, N.Y.Doubleday, バートン（1974）『災害の行動科学』安部北夫訳,学陽書房.

Bronner, R.（1973） *Decision making under time pressure.* Lexington：D.C. Heath.

Mileti, D.S. & Sorensen, J.H.（1987）Natural Hazards and Precautionary Behavior. In Weinstein, N.D. （ed.） *Taking Care: Understanding and Encouraging Self-protective Behavior.* New York: Cambridge University Press.

Mileti, D.S. & Sorensen,J.H.（1988）Planning and implementing warning systems, In Lystad, M. （ed.） *Mental health response to mass emergencies: Theory and practice*, Brunner/Mazel, pp.321-345.

Perry, R.W.（1979） Evacuation decision – making in natural disasters. *Mass Emergencies*, Vol.4, pp.25-38.

Quarantelli, E.L. （1980） *Evacuation behavior and problems.* Disaster Research Center, The Ohio State University.

Turner R.H. （1976） Earthquake Prediction and Public Policy: Distillations from a National Academy of Sciences Report ［1］, *Mass Emergencies*, Vol.1, pp.179-202.

池田謙一（1988）「災害時におけるコミュニケーションと意志決定」,安倍北夫・三隅二不二・岡部慶三編『自然災害の行動科学』, pp.150-167.

池田謙一（1986）『緊急時の情報処理』東京大学出版会.

中村功・中森広道・福田充（2012）「東日本大震災時の災害情報の伝達と住民の行動〜陸前高田市・南三陸町・仙台市・名取市・山元町住民調査をもとにして」『災害情報調査研究レポート⑯』第 16 号, pp.1-126.

廣井脩（2004）『シリーズ・情報環境と社会心理７〜災害情報と社会心理』北樹出版.

廣井脩（2000）「災害放送の歴史的展開」,（財）放送文化基金編『災害－放送・ライフライン・医療の現場から』ビクターブックス, pp.89-127.

廣井脩（1995）『新版・災害と日本人〜巨大地震の社会心理』時事通信社.

廣井脩（1991）『災害情報論』恒星社厚生閣.

廣井脩（1988）『うわさと誤報の社会心理』日本放送出版協会.

廣井脩・田中淳・中村功・中森広道・福田充・関谷直也・森岡千穂・廣井悠（2005）「2004年台風23号による豊岡市豪雨水害における災害情報の伝達と住民の対応」『災害情報調査研究レポート』, 2005, Vol.3, pp.1-84.

廣井脩・池谷浩・中村功・福田充・中森広道・関谷直也・三上俊治・宇田川真之（2005）「2003年十勝沖地震における津波避難行動～住民聞き取り調査を中心に」東京大学大学院情報学環・学際情報学府『情報学研究・調査研究編』No.23.2005, pp.1-162.

廣井脩・田中淳・中村功・中森広道・福田充・関谷直也・森岡千穂（2005）「新潟県中越地震と情報伝達の問題～十日町市一般住民調査編」『災害情報調査研究レポート』, Vol.1, pp.153-212.

廣井脩・中村功・中森広道・福田充（2005）「自治体の防災対策の現状（2）2004年津波沿岸自治体アンケート調査～自治体における津波防災対策の現状東京大学大学院情報学環・学際情報学府『情報学研究・調査研究編』22号, pp.283-339.

廣井脩・中森功・田中淳・中森広道・福田充・関谷直也・森岡千穂（2005）「2004年7月新潟・福島豪雨における住民行動と災害情報の伝達」『情報学研究・調査研究編』東京大学大学院情報学環・学際情報学府, No.23, pp.163-287.

福田充（2013）「災害報道とクライシス・コミュニケーション～東日本大震災と福島第一原発事故」『大震災・原発とメディアの役割～報道・論調の検証と展望』, 公益財団法人新聞通信調査会, pp.140-155.

福田充編（2012）『大震災とメディア～東日本大震災の教訓』北樹出版.

福田充（2010）『リスク・コミュニケーションとメディア～社会調査論的アプローチ』北樹出版.

福田充（2008）「危機管理に関する広報とメディア戦略～テロリズムや自然災害等におけるリスク・コミュニケーション」『月刊広報』, 2008年8月号, 日本広報協会, pp.22-25.

福田充（2004a）「社会安全・危機管理に対する意識と社会教育・マスコミ報道に関する調査研究～リスク・コミュニケーションの視点からの一考察」『平成14年度研究助成報告書』, 財団法人社会安全研究財団, pp.49-98.

福田充（2004b）「社会安全・危機管理に対する意識と社会教育・マスコミ報道に関する調査研究」『社会安全』, 2004, 財団法人社会安全研究財団, 2004年4月号,

No.52, 24-36.

福田充（2001）「災害対策における情報マネージメントの諸問題」『警察政策』警察政策学会, 第3巻1号, pp.145-164.

福田充・宮脇健（2013）『福島第一原子力発電所事故に対する原発周辺住民の意識に関する実証研究』日本大学法学部報告書.

福田充・中森広道・廣井脩・森康俊・馬越直子・紙田毅（2000）「平成10年8月那須集中豪雨災害における災害情報と住民の避難行動」『東京大学社会情報研究所調査研究紀要』, 14号, pp.193-282.

福田充・中森広道・中村功・廣井脩（1998）「土石流災害と情報～97年秋田県鹿角市八幡平地すべり・土石流災害の事例研究」『東京大学社会情報研究所調査研究紀要』, 12号, pp.135-159.

吉井博明・田中淳・中村功・福田充・関谷直也・地引泰人・森岡千穂・千田容嗣（2007）「2006年7月豪雨災害における災害情報の伝達と住民の対応」『災害情報調査研究レポート』, Vol.12, pp.1-162.

第3章

災害法制と災害対策基本法の改正にみる地域防災計画の課題

公益財団法人 たばこ総合研究センター（TASC）研究員
気象大学校　兼任講師

飯塚　智規

1. はじめに

東日本大震災という大規模広域複合災害の発生、そして震災以降の災害対策基本法の改正や南海トラフ巨大地震等の被害想定の見直しにより、地方自治体は地域防災計画の大幅な修正が求められている。東日本大震災では、災害対策本部となる庁舎が被災し、被災地域の外や県庁といった外部との情報連絡が遮断され、多数の自治体職員が犠牲になるといった事態が発生した。こうした事態に対応できるよう、災害対策基本法が平成24年度（2012年）と平成25年度（2013年）の2度にわたり改正された。それにより地方自治体は、地域防災計画を改正させる必要性が生じている。

そこで本論文では、①災害対策基本法を中心とした災害法制の特徴と問題点を明らかにし、②平成24年度と平成25年度に行われた災害対策基本法の改正内容を整理し、③そこから地域防災計画が抱えている本質的課題を明らかにすることを目的とする。結論の一部を先取りして言えば、地域防災計画の抱えている課題は、多くの「防災」事業が災害対策基本法だけではなく、その他の様々な災害法によって規定されている点にある。むしろ各災害法の防災規定から抜けている点を災害対策基本法が補うかたちになっている。そのため災害対策基本法の内容に基づき作成される地域防災計画においても、「防災」に関する全体マネジメントを十分に行うことが困難となっている。

なお、ここで言う「防災」とは、単に災害予防を意味しているのではない。災害対策基本法第2条第2項では、防災の定義を「災害を未然に防止し、災害が発生した場合における被害の拡大を防ぎ、及び災害の復旧を図ることをいう」としている。災害を未然に防止すること（災害予防）、災害が発生した場合に被害の拡大を防ぐこと（災害応急対策）、災害の復旧を図ること（災害復旧）、の3つが防災の定義の中に含まれており、国の防災基本計画や自治体の地域防災計画も基本的に、これら3つの防災の定義に基づいて構成されている[1]。従って、本論における「防災」は、災害予防・災害応急対策・災害復旧の全ての事業を含むものとする。

「防災」事業が3つの事業の総称であるならば、当然、地域防災計画には災害予防・災害応急対策・災害復旧に関する様々な災害法が関連してくる。地域防災計画は、各災害法にて定められた災害関連業務を一つの計画の中に集約した点においては、大きな意義がある。しかしながら、それゆえに「防災」事業を行う際に、それぞれの法の規定に照らし合わせる必要があり、それが結果として、「防災」事業の実施を困難にさせる一因となっている。加えて、災害対策基本法がその内容を大幅に加筆修正してきたのに対し、その他の災害法は東日本大震災以降も大きな改正がない。つまり災害法制の中心である災害対策基本法に対して周辺の災害法が追いついていない状況となっている。そうした状況下で、地方自治体は防災計画の修正が求められているのである。

2. 災害法制と災害対策基本法

2.1. 一般法・特別法の関係と慣例[2]

法律には、広く普遍的に適用される一般法と、制限的に適用される特別法という分類があり、特別法は一般法に優先するという原則がある。災害法制で言えば、一般法が災害対策基本法にあたり、特別法が災害対策基本法

図1 災害法制の概念図

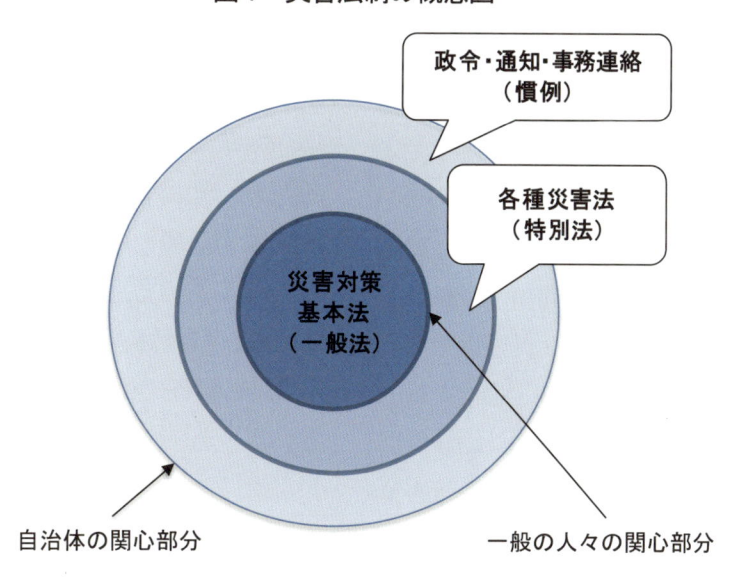

政令・通知・事務連絡（慣例）

各種災害法（特別法）

災害対策基本法（一般法）

自治体の関心部分　　　一般の人々の関心部分

出典：筆者作成。

以外の災害に関連する法律となる。例えば、災害発生時の被災者救助や避難所運営に関して言えば、災害救助法が特別法となり、災害救助に関する内容については一般法である災害対策基本法の内容よりも優先される。そのため、災害対策基本法で機動性・弾力性に富んだ被災者支援を謳っても、災害救助法がそうでなければ、被災者支援は機動性・弾力性に富んだものにはならない（災害救助法に関しては「3. 各「防災」事業と特別法」で詳述する）。

　また政令や通知、そして事務連絡といった法の運用基準を示したものも災害法制において重要な役割を示している。例えば、政令は通常「○○法施行令」と表記され、法的な拘束力を有している。自治体が法を用いるうえで、その運用が適切であるかどうかを自己判断するためには、やはり何からの運用基準を頼りにせざるを得ない。こうした施行令は、自治体が法を運用するうえでの基準となっている。

　ところが、この運用基準が災害時のような特別な状況下においては、逆機能を生じさせる。すなわち、法の機動性・弾力性を妨げるのである。「政令－通知－事務連絡」と下位規範の運用基準ができるほど、その基準に合致させようとしてしまい、災害現場において臨機応変に法の運用ができなくなる。しかも通知や事務連絡といったものは、所謂、慣例である。慣例には法としての拘束力はなく、あくまでも目安・参考に過ぎない。その目安・参考にとらわれ、前例踏襲主義に陥り、現場の自治体は自主的な判断ができなくなるのである。

　以上の災害法制を概念化して考えてみると、図1のようになる。円の中心には災害対策基本法があり、その周縁には各種の災害法が存在する。そして、さらに周辺には政令や通知・事務連絡が存在し慣習化している。被災した自治体、または「防災」マネジメントをしている自治体にとっては、円の中心部よりも周縁部の方に関心が引き摺られるかたちとなる。従って、自治体行政が被災者対応において批判を浴びるのは、法に反していな

いかどうか、より正確に言えば、これまでの慣例に反していないかどうかを、被災者への臨機応変な対応よりも重視するからである。

2．2．災害対策基本法の概要

　災害法制において中心をなす災害対策基本法は、1959年（昭和34年）9月26日の伊勢湾台風を契機に、統合性・計画性をもった恒久的な防災行政体制の整備・推進を目的として、1961年（昭和36年）11月15日に災害対策の一般法として制定された。災害対策基本法成立の意義は、150以上も制定されていた災害関連の法律を災害対策基本法に一本化したことにある。これにより、「防災」に関する体制の構築、計画の作成、事業に関する措置が法律として定められたのである。

　災害対策基本法の構成を確認すると、第1章から第3章までは総論となり、法の理念（平成25年度改正により追加）や災害の定義、防災会議等の組織や防災計画の作成について説明している。第4章から以下は災害対策の各論となっている。第4章は「災害予防」であり、所謂、防災や減災に関する政策が該当する。第5章は「災害応急対策」であり、災害発生時における各行政機関の対応について、多くの実行規定が置かれている。第6章は「災害復旧」に関しての規定である。以下、第7章に「被災者の援護を図るための措置」として、罹災証明書の交付や被災者台帳の作成、第8章に「財政金融措置」として、災害予防・応急対策・復旧事業に関する国の費用負担や補助等、第9章に「災害緊急事態」として、国の災害緊急事態の布告や特例・緊急措置を、そして第10章「雑則」、第11章「罰則」と続く。

　法全体の構成バランスを見てみると、第5章の「災害応急対策」の規定が多く、それに比して第4章の「災害予防」や第6章の「災害復旧」に関しては、規定が少ないことが目立つ。それは「防災」事業においては、災害応急対策がその中心にあることを示している。この理由は、①災害予防に関しては、それに関する多くの規定が災害対策基本法以外の災害法でなされている、②災害復旧に関しては、「自然災害に関する復旧等は、被災した側の責任で行うべきである」という考え方に基づき、被災者の生活の再建に関しては自己責任の立場を取っているため、公共施設等の復旧に関してしか規定していない、③そもそも災害対策基本法が出来た目的は、同法制定以前の各行政機関によるバラバラな応急対策を改善し、災害応急対策の一時的責任主体を市町村長と位置づけて、その行動に必要な根拠規定等を整備したためである[3]。

　災害予防については、河川整備や建物の耐震不燃化整備といった、所謂、一般的に考えられるハード面の災害予防事業の多くは、災害対策基本法ではなく、他の災害法に基づいて行われることになっている。また災害復旧についても、わずか4か条しか規定がなく、具体的な復旧に関する規定は、23もの特別法によってなされている。なお災害対策基本法における復旧の定義は、特別法の中の公共土木施設災害復旧事業費国庫負担法の第2条第2項において定められている「災害復旧事業」の定義（「『災害復旧事業』とは、災害に因つて必要を生じた事業で、災害にかかつた施設を原形に復旧する」）に依拠している。この定義の背景には「自然災害に関する復旧等は、被災した側の責任で行うべきである」という考え方があり、公共施設等の復旧に関する規定が中心となっている[4]。

　被災者への支援に関しては、災害応急対策の特別法である災害救助法に基づき支援が

なされる。災害救助法第4条では、救助の種類として10項目が設定されており、その中には避難所に関する項目や応急仮設住宅に関する項目もある。しかし、復旧以後の地域コミュニティや地域経済の再生、被災者の生活の再建といった、所謂、復興については、災害対策基本法にも災害救助法にも規定がほぼ存在していない。そのため、被災地に着目して復旧から復興までを全体的かつ計画的に進めるための仕組みは存在せず、震災の度に特別立法形式での対応が取られてきたのである。

こうした課題を受けて、2013年（平成25年）6月21日に「大規模災害からの復興に関する法律」が整備された。しかし、この法律は被災地域における社会・経済の再生や被災者の生活の再建を目指したものではない（「3．各「防災」事業と特別法」の「災害復旧」を参照）。従って、復旧・復興に関しては、災害対策基本法成立以前からの災害法制の課題が解消されていないと言える。

3．各「防災」事業と特別法

「防災」事業においては、様々な災害法が特別法として存在している（表1）。以下では、災害予防・災害応急対策・災害復旧ごとに特別法と各「防災」事業の関係について概観する。

3．1．災害予防

災害の発生を未然に防止するために行う災害予防の概念には、広い意味での災害予防と狭い意味での災害予防という2つの概念が災害対策基本法上に存在する[5]。一般的な意味で我々が捉える災害予防、つまり治山・治水や都市の防災化といった、所謂、ハードな側面の防災に関する事項が、広い意味での災害予防概念である。これらについては、災害対策基本法には第8条第2項において19項目をあげている。

これに対して狭い意味での災害予防概念は、災害対策基本法第46条によって明確に規定されている。それによれば、①防災に関する組織の整備に関する事項、②防災に関する教育及び訓練に関する事項、③防災に関する物資及び資材の備蓄、整備及び点検に関する事項、④防災に関する施設及び設備の整備及び点検に関する事項、⑤災害が発生した場合における相互応援の円滑な実施及び民間の団体の協力の確保のためにあらかじめ講ずべき措置に関する事項、⑥前各号に掲げるもののほか、災害が発生した場合における災害応急対策の実施の支障となるべき状態等の改善に関する事項、といった6つの事項が、狭い意味での災害予防概念に該当する。地域での自主防災組織や消防団の整備、防災訓練の実施や要援護者名簿の作成といった、所謂、防災のソフト面に関する事項が、これに当てはまる。

また災害対策基本法の第46条第2項では、「災害予防の実施について責任を有する者」として、指定行政機関の長、指定地方行政機関の長、地方公共団体の長等が明記されており、さらに彼らが「法令又は防災計画の定めるところにより、災害予防を実施しなければならない」と義務付けている。これに対して、広い意味での災害予防が記載されている同法第8条第2項では、「国及び地方公共団体は、災害の発生を予防し、又は災害の拡大を防止するため、特に次に掲げる事項の実施に努めなければならない」という努力義務になっている。ハード面における災害予防事業は18もの特別法の規定に基づき実施される。そ

表1 災害予防・災害応急対策・災害復旧に関する特別法の一覧

「防災」事業	特別法
災害予防	1. 砂防法 2. 建築基準法 3. 森林法 4. 特殊土壌地帯災害防除及び振興臨時措置法 5. 気象業務法 6. 海岸法 7. 地すべり等防止法 8. 台風常襲地帯における災害の防除に関する特別措置法 9. 豪雪地帯対策特別措置法 10. 河川法 11. 急傾斜地の崩壊による災害の防止に関する法律 12. 活動火山対策特別措置法 13. 地震防災対策強化地域における地震対策緊急整備事業に係る国の財政上の特別措置に関する法律 14. 地震防災対策特別措置法 15. 建築物の耐震改修の促進に関する法律 16. 密集市街地における防災街区の整備の促進に関する法律 17. 土砂災害警戒区域等における土砂災害防止対策の推進に関する法律 18. 特定都市河川浸水被害対策法
災害応急対策	1. 災害救助法 2. 消防法 3. 水防法
災害復旧	1. 森林国営保険法 2. 農業災害補償法 3. 住宅金融公庫法 4. 農林水産業施設災害復旧事業費国庫補助の暫定措置に関する法律 5. 中小企業信用保険法 6. 公共土木施設災害復旧事業費国庫負担法 7. 公営住宅法 8. 漁船損害等補償法 9. 農林漁業金融公庫法 10. 鉄道軌道整備法 11. 公立学校施設災害復旧費国庫負担法 12. 天災による被害農林漁業者等に対する資金の融通に関する暫定措置法 13. 空港整備法 14. 小規模企業者等設備導入資金助成法 15. 激甚災害に対処するための特別の財政援助等に関する法律 16. 漁業災害補償法 17. 地震保険に関する法律 18. 防災のための集団移転促進事業に係る国の財政上の特別措置等に関する法律 19. 災害弔慰金の支給等に関する法律 20. 被災市街地復興特別措置法 21. 被災区分所有建物の再建等に関する特別措置法 22. 特定非常災害の被害者の権利利益の保全等を図るための特別措置に関する法律 23. 被災者生活再建支援法

出典：内閣府パンフレット「日本の災害対策」を参考に筆者作成。

のため災害対策基本法においては、「災害予防に関しては災害応急対策を実施する前提としての主にソフト面での対策に限定して規定しており、予防対策、とりわけハード面での対策については既存の法体系や掌握事務に大きな変更を加えていない」のである[6]。

それでは、ソフト面における災害予防対策については、どのような対策を事前に行っておくべきであろうか[7]。例えば、防災に関する組織の整備（災害対策基本法第47条）に関しては、警報等の伝達、住民の避難誘導体制、災害情報の収集・連絡体制の整備、非常参集体制の確立、対応マニュアルの整備、宿日直体制の運営、班体制等業務体制の事前決定等があげられる。この他にも、災害・危機管理業務を専門に取り扱う危機管理監の設置等が有効な手段として考えられる。また従来の防災計画だけではなく、BCP（Business Continuity Plan：業務継続計画）やCCP（Community Continuity Plan：地域コミュニティ継続計画）といった新しい計画の作成も推奨されている。

防災に関する教育及び訓練（同法第47条の2、第48条）については、従来型のデモンストレーション的な防災訓練の実施ではなく、実践的な防災訓練の実施と、訓練に関連させての防災教育が望まれる。実践的と言っても、必ずしも全庁的な実働訓練だけが防災訓練ではない。行政職員が意思決定や状況判断を実践的に実施できるようになることを目的とした図上訓練の実施が望まれる。図上訓練も、災害対策本部向けのシミュレーション（ロール・プレイング）型の図上訓練、各部署別の能力向上を目的としたワークショップ型の図上訓練、危機管理担当者向けDIG（Disaster Imagination Game）等、様々なものがあり、バランス良く組み合わせて定期的に行っていくことが大事である。

防災に関する物資や資材の備蓄、施設や設備の整備・点検（同法第49条）については、当然のことながら、食料・水・医薬品等の生活必需品や消防用・救急救助・医療用の資機材等の備蓄・整備・点検の実施、そして、それらを保管しておく設備や避難者を収容するための防災施設等の整備・点検を行うことである。また、相互応援の円滑な実施等については、自治体間における職員派遣等の広域連携協定を結ぶといった対応が考えられるだろう。

このように災害予防においては、もっぱら責任主体と予算等の関係もあり、ソフト面の強化が、地方自治体においては主要な課題として見られがちである。そのため、地域防災計画における「予防対策、特にハード面での対策は内容が概して貧弱で、かつ、各部局が作成した部門別計画の既存事業の寄せ集めに過ぎないものが多い」と指摘されている[8]。そうだとするならば、その状況を踏まえたうえで防災目標を設定し、ソフト面の予防対策により目標がどこまで達成できるのかを明確にした統一的かつ戦略的な災害予防対策を講じることが求められる。

3．2．災害応急対策

災害応急対策は災害対策基本法の中でも規定が最も多く、災害予防のように努力義務が多いのとは異なり、第50条から第86条において明確に実施義務が定められている。その中でも、災害応急対応の一次的責任者となっているのは市町村長である。これに対し都道府県知事は、市町村の後方支援や関係機関との調整が主な役目となっている。つまり災害対応の現場は市町村が、現場の支援や連絡調整は都道府県が、というように役割分担が

なされている。

　しかし実際には、このように簡単に役割が分担されることはない。特に問題となるのは被災者への救済・保護に関してである。上述のように、災害応急対策における特別法の災害救助法では、都道府県が実施責任を負っている。そのため、被災者対応においては、現場の市町村と後方支援の都道府県とでねじれが発生してしまうのである。

　災害救助法において実施される救助の種類は、災害救助法第4条に規定されている以下の10種類である。いずれも都道府県による国からの法定受託事務であり、災害救助法を所管している厚生労働省の処理基準に基づいて救助事務を行っていた。

1. 避難所及び応急仮設住宅の供与
2. 炊き出しその他による食品の給与及び飲料水の供給
3. 被服、寝具その他生活必需品の給与又は貸与
4. 医療及び助産
5. 被災者の救出
6. 被災した住宅の応急修理
7. 生業に必要な資金、器具又は資料の給与又は貸与
8. 学用品の給与
9. 埋葬
10. 前各号に規定するもののほか、政令で定めるもの

　本来であれば、災害対策基本法に書かれている地方公共団体の行う事務は、全て自治事務であり、市町村長には様々な権限と責務が規定されている。しかし、災害救助に係る上記10項目については、災害現場の市町村が自主的な判断で弾力的に運用することができない。その運用基準や運用の判断は、厚生労働省や都道府県知事に委ねられているのである。そのため、基礎自治体は直接的に被災者対応を行うにもかかわらず、柔軟な対応が取れないのである。

　さらに災害救助法が被災者泣かせである理由は、その運用基準である下位規範にある。例えば、災害救助法施行令第9条では、災害救助の程度や方法については、災害対策基本法の平成25年度改正以前は厚生労働大臣の定める基準によることとされていた。それによれば、避難所の設置費用は一人一日300円で開設期間は災害発生から7日以内、応急仮設住宅費用は一戸当たり2,387,000円、炊き出し等による食品の給与のための費用は一人一日1,010円以内である。一日三食で計算すると一回当たりの費用は約340円である。避難所で被災者に配布される食糧が、おにぎり・菓子パン・カップラーメンをわずかにしか配布されないのは、このためである[9]。

　この厚生労働大臣の定める基準に加えて、災害救助法の弾力的な運用を妨げる要因になっているのが、厚生労働省の災害救助事務取扱要領である。災害救助事務取扱要領には、「法による救助の原則」として5つの原則がある。津久井の言葉を借りて簡潔に説明すると以下のようになる[10]。

①平等の原則：災害時には、個々の事情や経済的な状況を問わず、救助を必要とする人には平等に救助の手を差し伸べなければならない。
②必要即応の原則：被災者ごとに必要な程度の救助を行うべきであるが、必要を超えて救助を行う必要はない。
③現物給付の原則：災害時には物資の調達が困難となり、金銭は用をなさないの

で、現物を給付する。
④現在地救助の原則：救助は、被災者の現在地で実施するものとし、旅行者や訪問者らも含め、その場所の都道府県知事が行う。
⑤職権救助の原則：被災者の申請を待たず、都道府県知事が職権で救助を実行するものであり、形式的には、被災者の側からの異議申立てなどは認められない。

　何をもって必要を超えた救助とみなされるのか、本当に金銭は用をなさないのか、被災地の事情に合わない場合でも被災者の異議申立てが認められないのか等、この原則が果たして災害応急対策の実情に合っているのか、疑問に思うところも多い。しかも、「これら原則には法的な根拠も拘束力もなく、運用方針を決める一つの考え方に過ぎない」のであり、「最近の実例を見ると、これらの原則のために救助が進まないケースが増えている」という[11]。

　5つの原則が運用方針を決める一つの考え方に過ぎないのであれば、これら以外の運用方針としては、何があるのであろうか。災害救助事務取扱要領の「救助の程度、方法及び期間に関する事項」によれば、「災害は、その規模、態様、発生地域等により、その対応も大きく異なるので、実際の運用に当たっては、厚生労働省と連絡調整を図り、必要に応じて厚生労働大臣に協議し、特別基準を設定するなど、救助の万全を期する観点から、柔軟に対応する必要がある」とされている[12]。例えば、避難所の開設期間も厚生労働大臣との協議のうえ、開設期間を延長することができるし、避難所の設置・維持・管理のための費用も基準告示に定める費用の額を超えることが予想される場合は、厚生労働省と連絡調整を図ることとされている[13]。

　つまり、その時々に応じて都道府県知事と厚生労働大臣が協議して特別基準を設定できるのである。東日本大震災においても、避難所の開設期間の延長や避難所の代替としてホテルや旅館を利用するなどの対応が特別基準で行われた。しかし大規模広域災害発生時の災害応急対策において、被災者対応の現場を取り仕切る市町村が、一々、都道府県庁や厚生労働省に伺いを立て、知事と協議して特別基準の認定を求め、大臣がそれを検討して認定するといったことをしていては、時間がかかり過ぎて現実的ではない。ここに災害対策基本法における災害応急対策の実施主体である市町村と災害救助法の実施主体である都道府県との間のねじれの問題が出てくるのである。

　結局のところ、ねじれの問題が生じた場合には、往々にして過去の事例において、どのように運用されてきたのかという前例踏襲主義に陥ってしまう。例えば、災害救助法第4条において、救助の種類として「生業に必要な資金、器具又は資料の給与又は貸与」とあり、「生業に必要な資金」として金銭支給が認められているにもかかわらず、災害救助事務取扱要領の「現物給付の原則」によって、被災者への金銭支給が妨げられてしまう。そのため法的には被災者に金銭支給を行える可能性があっても、これまで前例がないということで特別基準としての検討の余地すらなくなるのである[14]。

　以上のように、災害応急対策における被災者対応については、その特別法である災害救助法に規定の多くが委ねられてきた。これまで災害救助法の所管は厚生労働省であり、同法の運用は厚生労働省の判断に依るもので

あった。しかし災害対策基本法等の平成25年度改正に伴い、内閣府が災害救助法を所管することとなった。それに伴い、災害救助法施行令等も内閣府に移管した。現在のところ食糧費や仮設住宅費用等、厚生労働省が所管していた頃と内容は変わっていない。災害救助事務取扱要領については、どうなるのかまだ不明であるが、災害応急対策における問題は、未だ改善されていないと考えて良いであろう。つまり災害対策基本法における災害応急対策の問題は、その特別法である災害救助法に問題があるのであり、災害救助法の内容が大きく改正されない限り、被災者対応に関する災害応急対策が充実することは困難であると言える。

3．3．災害復旧

災害対策基本法の第87条を見ると、「指定行政機関の長及び指定地方行政機関の長、地方公共団体の長その他の執行機関、指定公共機関及び指定地方公共機関その他法令の規定により災害復旧の実施について責任を有する者は、法令又は防災計画の定めるところにより、災害復旧を実施しなければならない」とされている。災害復旧事業に関しては、上述のように、「自然災害に関する復旧等は、被災した側の責任で行うべきである」という考え方が根底にある。

しかしながら、復旧しようにも自治体にとっては、やはりその費用が大きなネックとなる。そこで、災害復旧に関する特別法の多くは、公共施設の復旧にかかる費用に対する国庫補助を定める法律が主となっている。特に、激甚災害に対処するための特別の財政援助等に関する法律（激甚法）により激甚災害に指定されれば、国庫補助率がかさ上げされ、復旧費のほとんどが国の負担となる。加えて激甚法は、公営住宅建設の補助、雇用保険の求職者給付支給に関する特例、母子家庭への特別貸付金といった被災者の生活に密接に関係しているものに対しても優遇措置がなされている。

しかし全体的には、被災者への対応に関する法律は少ない。つまり、災害復旧における問題の一つは、被災者の生活再建に直結するものが少ないということである。災害復旧に関する特別法の中で被災者の生活再建に直接関係してくるものは、被災者生活再建支援法と災害弔慰金の支給等に関する法律が主であろう。

被災者生活再建支援法は、阪神・淡路大震災を契機にして作られた法律で、被災者個人に見舞金として最高300万円を支給するものである[15]。ただし同法で支給される支援金は、あくまでも見舞金扱いであり、たとえ被災者の生活再建のためでも個人資産の形成に公金投入はできないという国の姿勢が変わったわけではない。また災害弔慰金の支給等に関する法律は、災害によって家族を失った遺族に対して災害弔慰金（生計維持者500万円、それ以外250万円）を、災害で重い障害を負った者に災害障害見舞金（生計維持者250万円、それ以外125万円）を、そして被災者に対して災害援護資金の貸付（最大350万円）を行うものである[16]。これも被災者の生活再建のためではなく、あくまで慰労・見舞が目的である。

災害復旧事業に関する、もう一つの問題は、復旧以後の復興については何も規定がないことである。災害対策基本法の中には「復興」の文字は2回しか登場せず、その定義も定かではない。そもそも復旧と復興とは明確に区別できるものではなく、時間的連続性のもとに行われるものである。それを踏まえて復興

を定義すると、「失ったものを回復し元の勢いを取り戻す」ことになる[17]。そのためには、①住まい環境、雇用、医療・教育環境の回復による被災者の生活の再建、②地域の防災・減災環境の整備、③地域経済や地域社会の再生、が必要不可欠である[18]。しかし、こうした復旧の先にある復興の問題は災害対策基本法では想定されていない。

こうした課題を受けて、災害対策基本法の改正に合わせて、2013年（平成25年）6月21日に「大規模災害からの復興に関する法律」が整備された。この法律は、大災害が発生する度に復興に関する特別措置法を制定するのではなく、特定大規模災害に限り、恒久的な復興法制度を整えたものであると言える[19]。また本法律において、復興の目的として、「大規模な災害からの復興に向けた取組の推進を図り、もって住民が安心して豊かな生活を営むことができる地域社会の実現に寄与すること」（大規模災害からの復興に関する法律第1条）、そして理念として、「大規模な災害からの復興は、国と地方公共団体とが適切な役割分担の下に地域住民の意向を尊重しつつ協同して、当該災害を受けた地域における生活の再建及び経済の復興を図るとともに、災害に対して将来にわたって安全な地域づくりを円滑かつ迅速に推進すること」（同法第3条）が示された。ここから復興とは「住民の生活再建」と「地域経済・社会の再生」であると言うことができよう。

しかし実際には、この法律の主な内容は、①国の復興対策本部の設置や復興方針の策定、②それに基づく都道府県や市町村の復興計画の作成、③復興計画の公表による土地利用の手続きの緩和（ワンストップ処理）、④国による漁港・道路・海岸・河川等の災害復旧事業の代行、⑤必要に応じて国が財政措置を講ずることであり、被災者の生活再建のための具体的な規定がない。従って、本法律は「地域社会の復興ニーズの視点とは関係の薄い大型事業中心の復興を進めるという些か時代遅れの前世紀スタイルとなっているのが特徴である」[20]。本法律における目的・基本理念と内容がつながっておらず、問題は残されたままであると言えよう。

4．災害対策基本法の改正

災害対策基本法は大災害が発生するごとに改正され、その際に直面した新たな課題への対応策を災害対策基本法の中に反映させてきた。例えば、阪神・淡路大震災が発生した1995年（平成7年）は、同法の改正が2回も行われた。阪神・淡路大震災の教訓を踏まえて、政府と自治体の災害対策本部の体制強化、交通規制の強化、自主防災組織の育成とボランティアによる防災活動の環境整備、といった措置が講じられた[21]。それでは、平成24年度と平成25年度（一部の規定は平成26年度に施行）の改正においては、東日本大震災の教訓を踏まえて、どのような措置が講じられたであろうか。

東日本大震災では、これまで十分に想定してこなかった自治体庁舎等の被災や、そこで働く職員の大勢が犠牲になり、災害応急対策業務に携わる市町村の職員の絶対数が全く足りなかったこと（しかも現在も復旧・復興業務を行うのに職員数が足りていない）、県庁や各防災機関等の外部との情報連絡手段の喪失、被災者への食料等の物資の輸送や被災地外への広域避難、地域コミュニティの集団移転といった復興の問題が噴出した（そして現在も続いている）ことは記憶に新しい。その一方で、自治体間による水平的な職員派

表2 災害対策基本法等の改正の全体像

災害対策基本法改正等の全体像　参考資料1
平成25年6月

	第一弾改正前の災害対策基本法	第1弾改正	第2弾改正
1 総論的部分			
(1) 基本理念	なし	—	・「減災の考え方」、「自助・共助・公助」、「ハード・ソフトの組合せ」等の基本理念を明確化
(2) 災害の定義	・災害を生ずる異常な自然現象の例示として、暴風、豪雨、豪雪、洪水、高潮、地震、津波及び噴火を列挙	・異常な自然現象の例示に「竜巻」を追加	・異常な自然現象の例示に「崖崩れ」、「土石流」及び「地滑り」を追加
(3) 各主体の責務	・国、都道府県、市町村、指定公共機関、住民等の責務	・住民の責務として災害教訓の伝承を追加	・事業者の責務を追加 ・行政とボランティアとの連携を追加 ・住民の責務として「備蓄」、「防災訓練」を追加
(4) 防災の重点事項	・国土保全に関する事項、災害の予報・警報に関する事項、応急措置に関する施設・組織の整備に関する事項、防災思想の普及に関する事項などを列記	・広域避難に関する協定締結及び災害教訓の伝承活動の支援を追加	・民間の団体による協力の確保、被災者の心身の健康の確保等、被災者からの相談を追加
(5) 組織	・平時：中央防災会議、地方防災会議 ・発災時：非常（緊急）災害対策本部、都道府県・市町村災害対策本部	・防災会議と災害対策本部の役割を明確化 ・地方防災会議の委員に学識経験者を追加	※復興対策本部の設置を制度化 【大規模災害からの復興に関する法律】
(6) 計画	・国：防災基本計画、防災業務計画 ・都道府県・市町村：地域防災計画 ・指定公共機関等：防災業務計画	—	・コミュニティレベルの計画として地区防災計画を位置付け ※復興について、復興基本方針・復興計画等を制度化 【大規模災害からの復興に関する法律】
(7) 職員派遣	・国の職員の派遣（災害応急対策・災害復旧） ・国・自治体の職員派遣のあっせん（災害応急対策・災害復旧）	—	※復興段階の国の職員の派遣制度を創設 【大規模災害からの復興に関する法律】
2 各論的部分			
(1) 災害予防			
① 災害予防責任者の任務	・組織の整備、訓練、物資・資材の備蓄等の実施	・防災教育及び円滑な相互支援のための措置を追加	・物資供給事業者の協力を得るための措置（協定等）を追加
② 指定緊急避難場所	なし	—	・一定期間滞在する避難所とを区別して、安全性等の一定の基準を満たす施設・場所を指定する仕組みを創設
③ 指定避難所	なし	—	・生活環境等を確保するための一定の基準を満たす施設を指定する仕組みを創設
④ 避難行動要支援者名簿	なし	—	・災害時の避難に特に支援を要する者についての名簿の作成・利用制度を創設 ・個人情報保護の特例を措置
(2) 災害応急対策			
① 災害応急対策責任者の任務	・避難の勧告又は指示、消防、被災者の救難、救助等の実施	—	
② 情報の収集・伝達	・ボトムアップ型の情報収集（被害規模の把握に留意） ・市町村長による警報伝達	・都道府県による積極的な情報収集を措置 ・地理空間情報の活用を措置	・国による積極的な情報収集を措置 ・非常災害時の避難に関する国からの周知の仕組み（呼びかけ）を措置 ・情報伝達に関するインターネットの利用を措置
③ 避難勧告・避難指示等	・避難のための立退きのみ規定	—	・安全確保措置（屋内待避等）の仕組みを創設 ・国・都道府県による市町村長への助言の仕組みを措置
④ 応援・代行	・応急措置（救難・救助等）に限り、自治体間で応援 ・市町村の指揮命令系統が失われた場合に、応急措置（救難・救助等）を、都道府県が代行	・自治体間応援の対象業務を拡大（応急措置→災害応急対策全般） ・都道府県・国による調整の拡大 ・他の自治体との応援協定の地域防災計画への位置付け	・国による応援（災害応急対策全般）・代行（応急措置）制度を創設 ※災害救助の応援に要した費用を、国が応援都道府県に一時的に立て替えて支払う制度を創設【災害救助法の改正】
⑤ 規制の適用除外措置	なし	—	・避難所に関する特例、臨時の医療施設に関する特例、埋葬及び火葬の特例、廃棄物処理の特例を措置
⑥ 被災者の保護			
ⅰ) 生活環境の整備	なし	—	・避難所の環境整備を努力義務化 ・避難所以外の場所に滞在する被災者への配慮を努力義務化
ⅱ) 広域一時滞在	なし	・広域避難制度を創設（受入手続、都道府県・国による調整）	・国による広域避難手続の代行制度を創設
ⅲ) 被災者の運送	なし	—	・指定公共機関等（運送事業者）に対し、被災者の運送を要請する仕組みを創設
ⅳ) 安否情報の提供	なし	—	・安否情報の提供制度を創設
⑦ 物資等の供給・運送	なし	・（国による）物資の供給 ・指定公共機関等（運送事業者）に対し、物資等の運送を要請する仕組みを創設	—
(3) 被災者援護のための措置			
① 罹災証明書	なし	—	・罹災証明書の交付を制度化（市町村が遅滞なく交付）
② 被災者台帳	なし	—	・被災者台帳制度の作成制度を創設（市町村長が作成） ・個人情報保護の特例を措置
(4) 災害復旧	・本来実施責任者による災害復旧の実施	—	※国等による災害復旧事業の代行制度を創設 【大規模災害からの復興に関する法律】
(5) 災害緊急事態	・災害緊急事態の布告 ・緊急政令の制定（経済統制及び海外からの支援） ※布告の効果は緊急政令のみ	—	・布告の効果に「対処基本方針」の作成を追加 →災害応急対策、国民生活や経済活動の維持・安定を図るための措置等の対処基本方針を閣議決定し、これに基づき内閣総理大臣が各大臣を指揮監督 ・規制の適用除外措置や被災者の権利保護のための特別措置の自動適用の仕組みを創設 ・総理による情報の公表・国民への協力要請を制度化

出典：内閣府ホームページ
　　　（http://www.bousai.go.jp/kaigirep/kentokai/kentokaigi/01/pdf/sankou1.pdf）

遣等の支援が注目を浴びた。こうした課題や教訓を参考に、平成24年度と平成25年度の2回に分けて災害対策基本法が改正された（表2）。以下では、平成24年度と平成25年度の2回の改正の内容について概観する。

4．1．平成24年度改正の内容

平成24年度の第一弾改正について、改正の内容は大きく分けて3点になる[22]。一つ目は、大規模広域災害に対する即応力の強化、である。これは、①災害発生時における積極的な情報の収集・伝達・共有の強化、②地方公共団体間の応援業務等について都道府県・国による調整規定の拡充・新設、③地方公共団体間の応援対象業務を消防や救命・救難等の緊急性の高い応急措置のみならず避難所運営支援等の応急対策一般にまで拡大、④地方公共団体間の相互応援等の円滑化のための平素の備えの強化、が具体的内容としてあげられる。

例えば、①については災害発生時における地理空間情報の活用が、②については都道府県と市町村との連携が、新たに記載された（災害対策基本法第51条第2項、第53条）。特に後者については、市町村が被害状況等やそれに対する措置の概要を都道府県に報告できない場合は、都道府県の方で被災状況等に関する情報収集を行うことも努力義務となった（同法第53条第6項）。③については、改正以前は応急措置に限定されていた基礎自治体間の応援要請が、災害応急対策全般にまで拡大した。そして④については、各自治体や関係機関における情報共有・相互連携を災害応急対策責任者の努力義務として規定した。内容については、関係機関相互で密な連絡調整を行うための体制として、連絡調整担当の職員を相互に派遣すること等が想定されている。

二つ目は、大規模広域災害時における被災者対応の改善である。例えば、救援物資等を被災地に確実に供給する仕組みとして、市町村等からの要請を待たずに都道府県・国が自らの判断で物資等を供給できるようにしたり、市町村・都道府県の区域を越える被災住民の受入れ（広域避難）に関する調整規定を創設したりしている。前者については、都道府県知事の判断により被災者に物資の供給ができるようになった（同法第86条の16）。また後者については、同一都道府県内の避難の場合は被災市町村長が受入先市町村長と協議をすることが、新たに記載された（同法第86条の8）。

三つ目は、教訓伝承、つまり防災教育の強化、そして多様な主体の参画による地域の防災力の向上である。特に多様な主体の参画による地域の防災力の向上において、都道府県防災会議については、その委員構成に「自主防災組織を構成する者又は学識経験のある者のうちから当該都道府県の知事が任命する者」を新たに新設した（同法第15条）。防災に関する研究者や自主防災組織の代表者、それにボランティアやNPO、女性・高齢者・障害者団体等の代表者を防災会議の委員に加えることで、防災計画等に専門的見識や地域コミュニティ・NPOとの連携、そして要援護者の視点を充実させることに狙いがある。市町村防災会議においても、都道府県防災会議と同様に多様なメンバーの参画が望まれよう。

4．2．平成25年度改正の内容

平成25年度改正では、さらに広範にわたり内容が加筆修正されている。内閣府の防災情報のホームページ上に公開されている「災

害対策基本法等の一部を改正する法律案の概要」（最終閲覧日2014年2月18日）によれば、平成25年度改正のポイントは、①大規模広域な災害に対する即応力の強化等、②住民等の円滑かつ安全な避難の確保、③被災者保護対策の改善、④平素からの防災への取組の強化、⑤その他、の5つとなっている[23]。

①の内容は、大規模広域災害時における国の役割や災害対応の強化である。具体的には、政府の方針を閣議決定し、内閣総理大臣の指揮監督のもと、政府が一体となって災害に対処することを明記した（同法第105条、第108条）。また地方自治体が被災して著しく機能が低下した場合、国が応急措置（救助、救援活動の妨げとなる障害物の除去等特に急を要する措置）を代行することで、被災地方公共団体の機能補完の仕組みを充実・強化した（同法第74条の3、第78条の2及び第86条の13）。災害緊急事態布告時においては、物資の買占めの自粛等について、総理による国民への協力要請（同法第108条の3）等が制度化されたことや、避難所・臨時医療施設・埋葬と火葬・廃棄物処理においては特例措置が講じられるようになったことも特徴的である。

②については、一定期間滞在するための避難所とは別の緊急時避難場所の指定（同法第49条の4から第49条の6）、高齢者や障害者等の避難行動要支援者名簿の作成と消防や民生委員等への事前の情報提供（同法第49条の10から第49条の13）、が該当する。例えば、避難所の指定に関しては、一時避難場所と避難生活を送るための避難所が必ずしも明確に区別されておらず、東日本大震災では被害拡大の一因ともなった。それを受けて、防災施設の整備の状況、地形、地質その他の状況を総合的に勘案したうえで、災害の種類ごとに指定緊急避難場所を予め指定し、住民に周知することを市町村長に義務付けた。

また名簿の作成については、個人情報保護の制約等から、必ずしも十分に進んでいない状況を鑑み、名簿の作成を市町村長に義務付けるとともに、原則として避難行動要支援者本人の同意を得れば、消防機関・自主防災組織・民生委員等に名簿情報を提供できるようにした。この他にも、的確な避難指示等のため、市町村長から助言を求められた際の国と都道府県の応答義務（同法第60条から第61条の3）や、市町村による防災マップの作成と配布の努力義務（同法第49条の9）等が加わっている。

③については、市町村長による罹災証明書の交付の制度化（同法第90条の2）、被災者台帳の作成と台帳の作成に際し必要な個人情報の利用（第90条の3,4）、があげられる。被災者台帳の作成は、個々の被災者がその被害の程度等に応じた適切な支援が迅速に受けられるようすることを目的としている。加えて、罹災証明書の交付を自治事務として法的に位置付け、市町村長は被災者に対して遅滞なく罹災証明書を交付するよう義務付けるとともに、罹災証明書の交付に係る専門的知識や経験を有する職員の育成等を努力義務とした。

④については、これまで示されてこなかった防災の基本理念を定め、「減災」の考え方や、「自助」「共助」「公助」等の基本理念を明記した（同法第2条の2）。また各主体の役割を明確化し、市町村は自主防災組織等が行う自発的な防災活動を一層促進する責務を有する旨を明らかにした（同法第5条）。住民の責務も明記され、基本理念に盛り込んだ「自助」の観点から、食品や飲料水、その他の生活必需品の備蓄、そして防災訓練への参

加が責務とされた（同法第7条第3項）。またボランティアとの連携について、国と地方公共団体はボランティアとの連携に努めなければならないことが規定された（同法第5条の2）。

そして⑤については、東日本大震災において少なくない数の災害応急対策従事者が犠牲となったことを鑑み、災害応急対策従事者の安全確保に係る規定を加えた（同法第50条第2項）。また市町村災害対策本部員の構成について、これまで市町村の職員のうちから任命することとされていたが、その区域を管轄する消防長等も、併任の発令なしに、本部員の対象となるようにした（同法第23条の2）。その他には、災害発生日の年度の翌年度以降も政令の定める期間内で歳入欠かん債と災害対策債の発行可能年度にした歳入欠かん等債の見直し（同法第102条第1項）、崖崩れ・土石流・地滑りを追加した災害定義の見直し（同法第2条第1項）、が該当する。

以上、災害対策基本法の平成24年度と平成25年度の改正内容を自治体の防災計画の観点から考えてみると、住民の自助の強化、被災者対応の強化、行政組織間の垂直的水平的支援体制の強化、という3点が特徴としてあげられよう。例えば、自助の強化に関しては、防災計画を策定するプロセスの中に防災会議の委員として住民代表等を参加させるようにした一方で、住民の防災意識を高めるために防災教育に力を入れ、物資の備蓄や防災訓練の参加を住民の責務とした。被災者対応の強化については、罹災証明書の発行制度、避難所指定基準の明確化、被災者台帳や避難行動要支援者名簿の作成と個人情報の活用が加筆・修正された。

行政組織間の垂直的水平的支援体制の強化は、今回の改正で特に力を入れた点である。先ず垂直的支援体制については、被災市町村が大きな被害を受け、行政機能が著しく失われた場合、被害状況等の情報収集や物資の供給を都道府県が行えるようにした。また同様の場合、国の方でも一部の応急措置を代行するようにした。水平的支援については、基礎自治体間の応援要請内容の拡大や、自治体間の情報共有・相互連携の努力義務化を行った。自治体間の支援体制の強化の背景には、東日本大震災における自治体間での広域連携（例えば関西広域連合のペアリング支援や、東京都杉並区等によるスクラム支援等）が、総務省の自治体支援スキームよりも効果的であったとの評価に依るところが大きいだろう[24]。

5．地域防災計画の課題と対応

5．1．地域防災計画の問題点

地域防災計画は、言うまでもなく、地域において実施すべき「防災」の事務・業務を定めた計画であり、都道府県防災会議が策定する都道府県地域防災計画と市町村地域防災計画がある。都道府県地域防災計画は、災害対策基本法の第40条に記載されているように、「都道府県の地域内で行われる主要な防災機関の防災活動が横断的に整合性のとれた形で効果的に実施されるよう、総合的に調整する」ことが求められている[25]。一方、市町村地域防災計画においては、同法第42条に示されているように、市町村地域内における具体的な防災措置の内容を明らかにすることが求められる。特に、地域の防災力向上として、自主防災組織・ボランティア団体・NPO等の役割を重視し、彼らと協働で「防災」業務を行うことが、近年の防災計画の策定において重要視される傾向にある。つまり自助と共助の推進である。

ところが地域防災計画の実態を見ると、計画が総花的・抽象的で具体性に欠ける、数値目標や達成計画が示されていない、数値目標や達成計画の進捗状況をチェックする仕組みがない、災害対策本部の初動対応が書かれていない、個々の防災・災害対応マニュアルが防災計画の中に位置づけられていない、といった課題が散見される[26]。これら課題は、もちろん防災計画の作成を事実上担当している危機管理・防災担当部署の予算・職員数の問題や、全庁的な防災計画の作成体制が取れず日常業務の多忙さもあり外部のコンサルタントへ作成を依頼せざるを得ないといった状況も原因としてあるが、実は上記の災害法制の問題点とも大きく関係している。

これまで説明してきた災害法制の問題点と災害対策基本法の改正事項から、この問題を考察すると、自治体の防災計画の実効性がない理由は、防災施設や公共施設の整備といった災害予防におけるハードの側面と、災害応急対策以降の被災者対応の部分が機能していない点にある。この2点は災害対策基本法の中でも他の法律、つまり特別法に規定を委ねている部分でもある。防災計画は事業内容が並列的に羅列して記載しているに過ぎず、災害予防事業の内容相互間の優先順位がないことが大きな問題として指摘される[27]。そうせざるを得ない理由として、災害法制の問題が関与していると考えられる。

また地域防災計画は、災害予防計画と災害応急対策計画・災害復旧計画という性格の異なる二つの計画が同居しているところに特徴がある[28]。災害予防計画の目的は、その地域に相応しい災害予防策の確立である。そのために災害予防事業の優先順位や計画目標を立てて、着実に予防事業を実行していくことが求められる。一方、災害応急対策計画と災害復旧計画は、災害発生時からその後までに行われる各部署や多様な行動主体の行動内容と役割分担が定められた、一種のアクションプランである。そして、もっぱら防災計画の中で重点が置かれているのは後者の方である。

しかしアクションプランとは言いながら、実際はアクションプランとも言い難い内容となっている。アクションプランであるならば、災害発生時の課題や目標を設定し、それを踏まえて現状分析を行い、誰が何をいつまでに施策として行うのかが示されなければならない。それにもかかわらず、災害応急対策計画では、「現在の体制でどこまでのことができるのか」が示されなければならないのに、実際には、「単に、それぞれの応急対策主体は『災害時にこれこれこういうことを行う』ということが記述されているに留まっている」に過ぎないのである[29]。

このように地域防災計画は、特別法の規定により身動きが取れない災害予防計画と、アクションプランになっていない災害応急対策計画・災害復旧計画から成り立っているところに問題がある。この理屈から言えば、被災者対応についても、災害救助法に規定が委ねられている部分は見直されないことが容易に推測できる。加えてアクションプランとしての被災者対応についても、「現在の体制でどこまでのことができるのか」が想定されていないという問題に直面することとなろう。

5．2．課題に対する対応の方向性

それでは上記の地域防災計画の課題に対して、どのように対応すれば効果的な地域防災計画となるのであろうか。課題に対する対応の方向性について、図2の順序で考えていきたい。図2において最も重要なことは、自

図2 地域防災計画の課題への対応の考え方

被害想定 → 現在の防災力の把握 → 目標設定と事業の順位付け → 目標達成状況の把握

出典：筆者作成

表3 南海トラフ巨大地震の被害想定（平成24年度）

	項目	東海地方	近畿地方	四国地方	九州地方
建物被害 地震動(陸側) 冬・夕	揺れによる全壊	約1,346,000棟	約1,346,000棟	約1,346,000棟	約1,346,000棟
	液状化による全壊	約134,000棟	約134,000棟	約134,000棟	約134,000棟
	津波による全壊	約146,000棟	約144,000棟	約132,000棟	約154,000棟
	急傾斜地崩壊による全壊	約6,500棟	約6,500棟	約6,500棟	約6,500棟
	地震火災による焼失（風速8m/s）	約750,000棟	約741,000棟	約746,000棟	約746,000棟
	全壊及び焼失棟数合計（風速8m/s）	約2,382,000棟	約2,371,000棟	約2,364,000棟	約2,386,000棟
	ブロック塀等転倒数	約849,000件	約849,000件	約849,000件	約849,000件
	自動販売機転倒数	約19,000件	約19,000件	約19,000件	約19,000件
	屋外落下物が発生する建物数	約859,000棟	約859,000棟	約859,000棟	約859,000棟
人的被害 地震動(陸側) 冬・深夜	建物倒壊による死者（うち屋内収容物移動・転倒、屋内落下物）	約82,000人（約6,200人）	約82,000人（約6,200人）	約82,000人（約6,200人）	約82,000人（約6,200人）
	津波による死者 上:早期避難率高+呼びかけ 下:早期避難率低	約117,000人 約230,000人	約72,000人 約183,000人	約39,000人 約133,000人	約39,000人 約137,000人
	急傾斜地崩壊による死者	約600人	約600人	約600人	約600人
	地震火災による死者（風速8m/s）	約10,000人	約10,000人	約10,000人	約10,000人
	ブロック塀・自動販売機の転倒、屋外落下物による死者	約30人	約30人	約30人	約30人
	死者数合計（風速8m/s）	約209,000人～約323,000人	約165,000人～約275,000人	約132,000人～約226,000人	約132,000人～約229,000人
	負傷者数	約606,000人～約623,000人	約601,000人～約615,000人	約600,000人～約612,000人	約599,000人～約610,000人
	揺れによる建物被害に伴う要救助者数（自力脱出困難者）	約311,000人	約311,000人	約311,000人	約311,000人
	津波被害に伴う要救助者	約29,000人	約28,000人	約26,000人	約26,000人

※建物被害については、最も被害が大きく予想される、「地震動（陸側）」、「冬・夕」のケースを掲載、また人的被害については、最も被害が大きく予算される、「地震動（陸側）」、「冬・深夜」を掲載している。

出典：「南海トラフ巨大地震の被害想定について （第一次報告）」を参考に筆者作成。

分の自治体の防災力がどれくらいのものであるかを知ることにある。そのためには現状を分析しなければならない。そして、防災計画の中で特に念頭に置かれている災害の被害想定に対して、自分達がどこまで対応できるのかを知ることが肝要である。そこで、先ずは被害想定が重要になる。その際に参考とされるのが、内閣府の中央防災会議が出している被害想定である。

例えば、内閣府の中央防災会議防災対策推進検討会議の下に設置された「南海トラフ巨大地震対策検討ワーキンググループ」により、南海トラフ巨大地震の被害想定の見直しが行われたことは記憶に新しい。新しい被害想定は、最悪の場合、約32万3,000人が亡くなる恐れがあるとする衝撃的なものであった（表3）。これを受けて各自治体でも被害想定の見直しが行われている。

被害想定の次は、その被害想定に対して、「どのような「防災」対策を講じれば良いのか」、「対策を講じることで被害に対してどこまで対応できるのか」、つまり現在の防災力を把握し減災目標を設定することである。ただし、ここで問題が発生する恐れがある。それは被害想定と「防災」事業の乖離である。自治体の予算や職員数といった行政資源には限りがある。また予測のつかない事態に直面することも、しばしば起こりうる。そのため、どんなに対策を講じても自治体の防災力には限界がある。

ところが、実際の防災計画では、「現実には実施できないことがある場合でも、実施できる建前で作成されているきらい」があり、「この点を避けるかのように、計画上の表現は、抽象的な形をとっているのが普通」なのである[30]。つまり、現在の防災計画は「防災」事業の実施主体が災害発生時に行うことを記述するに留まり、どのような程度の災害にどれだけ対応できるかを明らかにしていない。従って、現在の防災力で、どこまで災害に対応が可能であるのか、どこからが現在の防災力では対応が難しいのかを防災計画の中で明らかにすることが重要である。そして、そこから防災目標を設定し、「防災」施策の優先順位を決定していくべきであろう。

このように、効果的な地域防災計画を作成するためには、被害想定に対して現在の防災力を比較する作業が必要である。防災計画の中の災害予防の部分と災害応急対策・災害復旧の部分は連続性を有してしかるべきものであり、どの程度の予防効果、つまり減災目標が達成されたかによって、その後のアクションプラン、すなわち応急対策事業や復旧事業も変わってくる。加えて、ハード面が特別法によって規定されているためにソフト面の強化に努めるしかないのであれば、なおさら、その状況を踏まえたうえでの災害応急対策の措置を講じなければなるまい。その際、地域防災計画の作成プロセス等において、有識者や地域住民等を加えて、地域の意向を反映できるようにすることが重要である。平成25年度改正により、彼らが防災会議の委員として加わることとなった（災害対策基本法第15条）。多様なメンバーの参加により自治体の防災力をチェックできるようにして、今後の「防災」事業に活かせる仕組みを構築することが求められよう。

6．終わりに

本稿では、第一に、災害法制の観点から災害対策基本法を捉えることで、災害対策基本法が抱えている課題を明らかにした。災害対策基本法は、災害予防・災害応急対策・災害

復旧事業の多くの規定を特別法に委ねており、その部分については、「防災」事業として思うように実施することができない。第二に、平成24年度と平成25年度の災害対策基本法の改正を概観し、住民の自助の強化、被災者対応の強化、行政組織間の垂直的水平的支援体制の強化、の3点を特徴としてあげた。そして第三に、災害法制と災害対策基本法の改正から地域防災計画の問題点として、災害予防計画が特別法の規定により有効な予防対策を取れない点と、災害応急対策計画・災害復旧計画の課題・目標・実施事項が十分に練られていない点を指摘した。

地域防災計画における最も重要なことは、如何にして自治体の防災力を高めるかである。そのためには、①被害想定、②現在の防災力の把握、③減災目標の設定と実施事業の優先順位付け、④目標達成状況の把握、が地域防災計画の中に必要となる。東日本大震災では、被害が深刻化した原因の一つとして、自治体の基本能力の不足が指摘されている[31]。長年、国の指示に従って地方行政を行ってきた自治体には、自ら考え、判断し、自らの力で実行する能力が不足しており、本来であれば向かい合うべき住民の方を向かず、市町村は県を、県は霞が関を向いて仕事するという。従って、地域防災計画の見直しにおいて、自治体に今まさに求められていることは、自ら考え、判断し、自らの力で実行する能力の養成である。それこそが、自治体の防災力における本質の部分であると言えよう。

注
───────────

1 下川環（2005）「災害応急対策行政の法構造」中邨章編著『危機管理と行政 グローバル化社会への対応』ぎょうせい、p.30。
2 一般法と特別法、及び慣例について詳しくは、津久井進（2012）『大災害と法』岩波書店、pp.20-24 を参照。
3 生田長人（2013）『防災法』信山社、p.12。
4 同上、pp.12-13、及び p.169。
5 同上、p.69。
6 西泉彰雄（2010）「災害予防に関する制度の仕組み」生田長人 編『シリーズ防災を考える 4 防災の法と仕組み』東信堂、p.54。
7 ソフト面における災害予防対策については、西泉（2010）pp.50-51、を主に参考にした。
8 同上、p.54。
9 津久井（2012）、p.46。
10 同上、pp.54-55。
11 同上、p.55。
12 厚生労働省（2008）「災害救助事務取扱要領」、p.30。
13 同上、pp.31-32。
14 津久井によれば、災害救助法のもとで金銭支給がなされた実例が存在し、金銭支給の前例がないことは誤解であるという。詳しくは、津久井（2012）、p.54 を参照。
15 東日本大震災では、被災者生活再建支援法による支援金の基礎支援金 100 万円を受け取った世帯（岩手・宮城・福島の 3 県）の半数が生活再建の目処が立たず、加算支援金 200 万円が受け取れずにいることが問題として報道されている。詳しくは、読売新聞「加算支援金 申請伸びず」2013 年 11 月 21 日付朝刊、を参照。
16 災害援護資金の支給については、住居や家財の損壊程度、世帯主の怪我の程度、所得制限といった厳しい条件が課されている。東日本大震災では、保証人不要、利率引き下げ、償還期間・措置期間の 3 年延長、期限到来時に資力が無ければ返済免除、といった特例措置がなされている。詳しくは、津久井（2012）、pp.69-70 を参照。
17 室崎益輝（2012）「未来につがなる真の復興をめざして『共同』と『共創』で地域主体の復興を」『世界』2012 年 2 月号、p.40。
18 同上、p.41。
19 特定大規模災害とは、「著しく異常かつ激甚な非常災害であって、当該非常災害に係る災害対策基本法第 28 条第 2 項に規定する緊急災害対策本部が設置されたものをいう」（大規模災害からの復興に関する法律第 2 条）。
20 生田（2013）、p.193。
21 中村昭雄（2005）「自治体と危機管理」中邨章編著『危機管理と行政 グローバル化社会への対応』ぎょうせい、p.58。
22 内閣府ホームページ「災害対策基本法等の一部を改正する法律案の概要」http://www.bousai.go.jp/taisaku/hourei/pdf/hourei_gaiyou.pdf（最終閲覧日 2014 年 2 月 18 日）
23 災害対策基本法等の一部を改正する法律案の概要については、以下のページを参照。内閣府ホームページ（http://www.bousai.go.jp/taisaku/hourei/pdf/hourei_gaiyou.pdf）文部科学省ホームページ
  （http://www.mext.go.jp/b_menu/shingi/chousa/shisetu/013/007/shiryo/attach/1339997.htm）
24 飯塚智規（2013）『災害復興における被災地のガバナンス』芦書房、pp.127-159。
25 生田（2013）、p.59。
26 小林恭一（2012）「実践的地域防災計画と災害対策本部のあり方」財団法人 日本防

火・危機管理促進協会『危機管理レビューVol.2 地域防災計画をどのように見直し、運用するか』、p.14。
[27] 永松伸吾（2008）『減災政策論入門—巨大災害リスクのガバナンスと市場経済』弘文堂、p.216。
[28] 生田（2013）、p.62。
[29] 同上、p.64。
[30] 同上。
[31] 津久井（2012）、p.187。

参考文献

飯塚智規（2013）『災害復興における被災地のガバナンス』芦書房

生田長人（2013）『防災法』信山社

生田長人 編（2010）『シリーズ防災を考える4 防災の法と仕組み』東信堂

鍵屋一（2003）『図解よくわかる自治体の防災・危機管理のしくみ〈第1次改訂版〉』学陽書房

厚生労働省（2008）「災害救助事務取扱要領」

災害対策制度研究会 編著（2004）『図解 日本の防災行政 改訂版（平成16年）』ぎょうせい

災害対策法制研究会 編著（2014）『災害対策基本法改正ガイドブック 平成24年及び平成25年改正』大成出版社

財団法人 日本防火・危機管理促進協会（2012）『危機管理レビューVol.2 地域防災計画をどのように見直し、運用するか』

津久井進（2012）『大災害と法』岩波書店

中邨章 編著（2005）『危機管理と行政 グローバル化社会への対応』ぎょうせい

中邨章 編著、（財）行政管理研究センター監修（2000）『行政の危機管理システム』中央法規

永松伸吾（2008）『減災政策論入門—巨大災害リスクのガバナンスと市場経済』弘文堂

室崎益輝（2012）「未来につがなる真の復興をめざして『共同』と『共創』で地域主体の復興を」『世界』2012年2月号

読売新聞「加算支援金 申請伸びず」2013年11月21日付朝刊

第4章

自治体の業務継続計画（BCP）における「連携」の重要性

明治大学　政治経済学部　専任講師
西村　弥

1. はじめに ―本稿の目的と構成―

　本稿の目的は、自治体における業務継続計画（Business Continuity Plan : BCP）[2]の現状、および、自治体BCPにおける連携の必要性、そして、その具体的な可能性について検討を進めることにある。その主な論点は、次の三点である。

1．1．低い策定率と二極化

　第一に、東日本大震災以降、日本の自治体においてBCPは、ある程度まで普及しつつあるものの、そこには二極化という重要な課題が生じつつあるという点である。誤解を恐れずにいえば、本稿執筆時点（2014年2月）において、BCPをすでに装備している自治体の大半は、防災・減災意識が高いのみならず、相対的に「余裕のある」自治体である可能性が高い。インフラの整備・修繕や待機児童等といった政策課題は切迫した課題であり、かつ、その成果もわかりやすい（目に見える）のに対して、「いつ起きるかわからない（数十年は起きないかもしれない）」大規模災害への対策は緊急性を把握しにくいうえに、有権者たる市民とっては、その成果が実感しにくい。それゆえ財源やマンパワーに限界がある小規模の自治体は、災害対策基本法で策定が義務付けられている地域防災計画までは装備しているが、法令上義務付けられていないBCPまで、手を伸ばしたくとも伸ばせない状況にあるようである。どうすれば低い策定率から脱することができるのかが、第一の論点である。

1．2．BCPの抱える課題

　第二に、BCPの必要性を認識し、ついに策定に踏み出したとして、何に留意して策定すべきなのかについて考察を進める。具体的には、これまで発生した大規模災害や将来の発生が想定されている大災害と照らしてみて、どのような課題が浮かび上がってくるのか、検討を進める。過去に発生した大災害の事例としては東日本大震災を、今後想定されている大規模災害としては、首都直下地震と南海トラフ地震を念頭に議論を進めていく。そこで浮かび上がってくるのは、近隣自治体間におけるBCPの整合性と連携を今後さらに意識しなければならないということと、大規模災害になればなるほど遠隔地の自治体との事前からの連携が重要になってくるということである。

1．3．BCPにおける自治体間連携の可能性

　そこで最後に、今後のBCPのひとつの可能性を示す事例として、近隣自治体間の連携については島根県の取り組みを、そして、遠隔地との連携については受援計画や相互応援協定との整合性確保といった観点からBCPをとりあげる。日本全体というマクロの観点から見たとき、現時点におけるBCPをめぐる最大かつ喫緊の課題は、策定率の向上であろう。しかし、策定済みの自治体数を増やしていく、という「量」の確保だけでなく、きわめて大規模な災害が起きても対応可能な「質」をBCPに担保することもまた、「量」の確保と同等以上に重要な課題である。

　以上のような手順で検討することを通じて、さらに質の高いBCPとは何か、その一端を明らかにしていきたい。

2．BCPが抱える諸課題

2．1．BCPの策定率の過去と現在

東日本大震災が発災するまで、BCPの策定率は、広域自治体、基礎自治体ともにきわめて低調であった。2009年の段階において、都道府県での策定率は10.6％、市区町村にいたっては、わずか0.1％に過ぎなかったのである（図1参照）。当時、日本の中央官庁も含め、BCPは企業の災害対応能力を向上させるための施策である、という考え方から、行政にもBCPは有効かつ必要である、という認識へ移行する過渡期にあった[3]。

東日本大震災において「想定外」の波高の津波が発生し、甚大な被害を及ぼしたことから、2011年以降、地震と津波災害を中心に被害想定の見直しと、地域防災計画の改定が全国的に進められた。さらに民間企業においても、東北に立地していた部品メーカー等が被災したことで、サプライチェーンが寸断されたことなどから、BCPの必要性についての理解がそれ以前よりも深まることとなった。同様のことは、自治体についてもいえる。速報値ではあるが、総務省消防庁による2013年の資料によれば、都道府県における自然災害に対するBCPの策定率は60％に向上しており、市区町村においても同様に策定率の向上がみられる（図2参照）。

図1　過去（2009年）における業務継続計画の策定状況

	策定済み	策定中	未策定
都道府県	10.6%	34.0%	55.3%
市区町村	策定済み 0.1%	9.4%	90.5%

出典）内閣府（防災担当）、総務省消防庁（2010; 5）

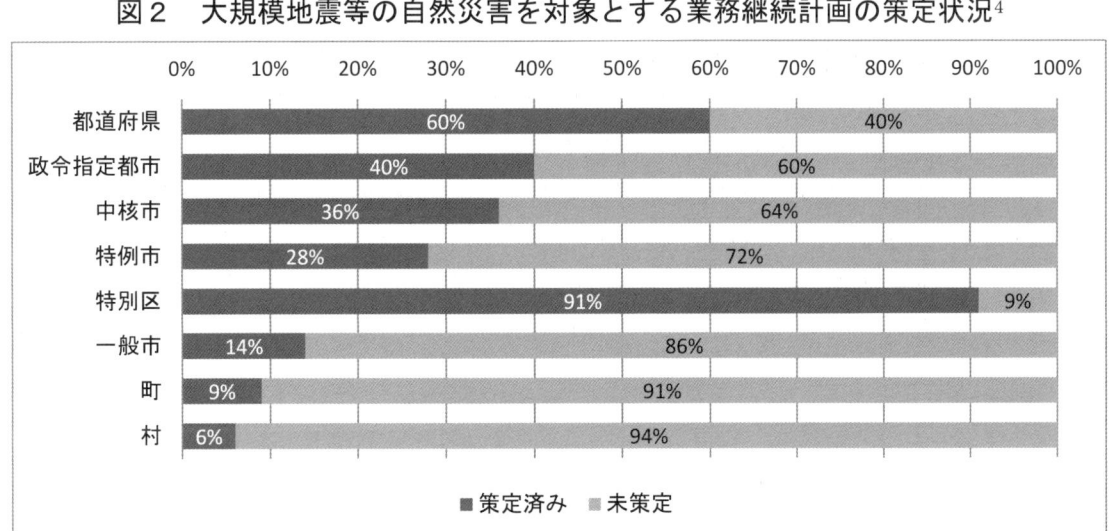

図2　大規模地震等の自然災害を対象とする業務継続計画の策定状況[4]

	策定済み	未策定
都道府県	60%	40%
政令指定都市	40%	60%
中核市	36%	64%
特例市	28%	72%
特別区	91%	9%
一般市	14%	86%
町	9%	91%
村	6%	94%

出典）総務省消防庁（2013; 5）をもとに図を作成

2．2．策定率と自治体の規模の関係

図2から明らかなのは、第一に、まだまだ高い策定率であるとは言えないものの、2009年にわずか0.1%だった市区町村の策定率と比べれば飛躍的に向上しているということである。第二に、市区町村においては、自治体の規模に正比例するかたちでBCPの策定率が分布しているということである。特別区の91%は別としても、政令市の策定率は40%、中核市でほぼ同水準の36%と、自治体の規模が高い自治体ほどBCPの策定率が高く、これに対して、一般市では14%、町村のような小規模な自治体での策定率は10%にも満たない。じつは、こうした傾向は自然災害に対するBCPだけでなく、新型インフルエンザのパンデミックに対応するためのBCPの策定率にもあてはまる。新型インフルエンザ対策に関するBCPにおいても、特別区が87%でもっとも高く、以下、政令指定都市80%、中核市57%、特例市48%、一般市25%、町10%、村4%、そして都道府県が70%というように、自然災害向けのBCPの策定率と同様の傾向を示している（総務省消防庁2013;5）[5]。

ただし、実質的にBCPと同様の効果をもたらすような「しかけ」をそれぞれの自治体が備えていれば、BCPを策定していなくても必ずしも問題ではない、という考え方もあろう。しかし、BCPに限らず、何らかの計画等で「非常時優先業務」に該当するような業務をあらかじめ定めている自治体についてみても、BCPの策定率と同様の傾向がここでもみられる（図3参照）。むしろ一般市や町村とそれ以外の大規模自治体との差はかえって拡大しているようである。

図3　BCPまたはその他の計画等における被災時に継続する業務の優先順位の設定状況

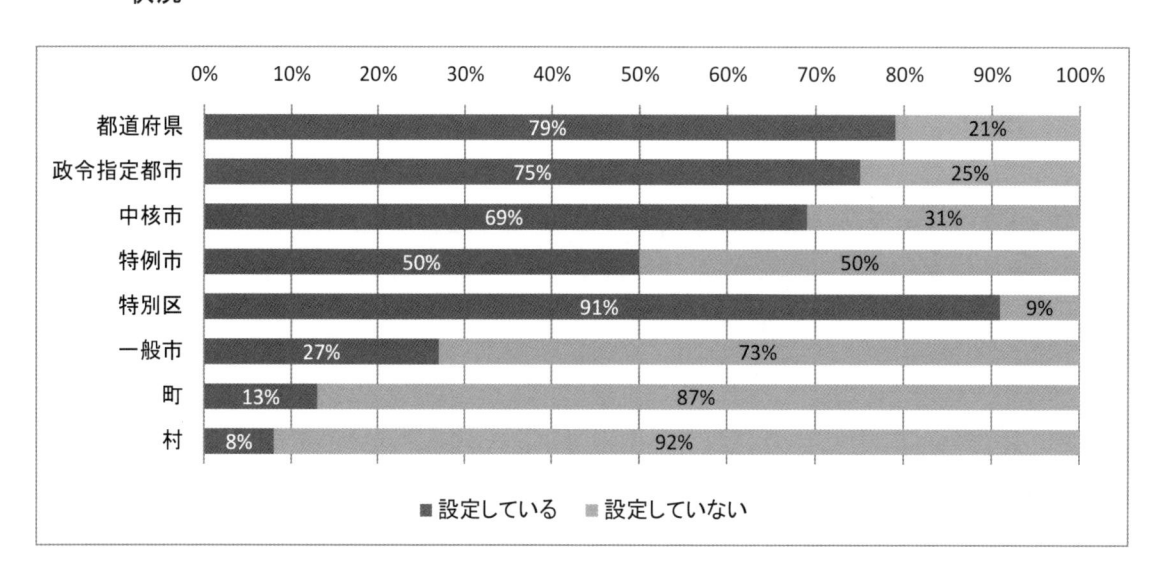

自治体	設定している	設定していない
都道府県	79%	21%
政令指定都市	75%	25%
中核市	69%	31%
特例市	50%	50%
特別区	91%	9%
一般市	27%	73%
町	13%	87%
村	8%	92%

出典）総務省消防庁（2013;5）をもとに図を作成。

2．3．策定率の二極化

　この問題が深刻なのは、2014年2月現在、全国に1,719団体ある基礎自治体のうち、政令指定市は20市、中核市は42市、特例市は40市と、きわめて限られており、基礎自治体全体のわずか6%に過ぎないという点である。つまり、全国の基礎自治体の94%を占める一般の市町村では、BCP策定率がわずか1割前後にとどまっているということである[6]。当たり前のことであるが、人口が稠密ではないからといって災害の被害が軽減されるというわけではない。ひとたび大規模な災害が発生すれば、都市であれ農村であれ、建造物やその他のインフラに被害が生じたり、最悪の場合には人命に被害が及んだりする可能性があるのは同じである。むしろ人口規模が小さい自治体の方が、限られた財政的資源、人的資源のなかで（人口比では）広大な面積をカバーしなければならないことに鑑みれば、これらの自治体においてもいざというときの備えが必須なのは論をまたない。

2．4．求められる効果の明確化と人的資源

　ごく少数の大規模自治体と大多数の中・小規模の自治体との間で防災・減災対策に格差が生じているのは、決して歓迎すべきことではない。では、なぜこのような事態が生じたのか、その要因を考えるうえで興味深いのが一般財団法人日本防災・危機管理促進協会が自治体を対象に実施したアンケートの結果である（図4参照）[7]。これは、BCPの策定について検討をしたことがないと回答した自治体に対して[8]、「業務継続計画の作成に着手するためには、どのようなことが最も必要と思われますか」という質問を投げかけた結果を集計したものである。この問いに対する

図4　自治体職員が認識しているBCP策定上のボトルネック

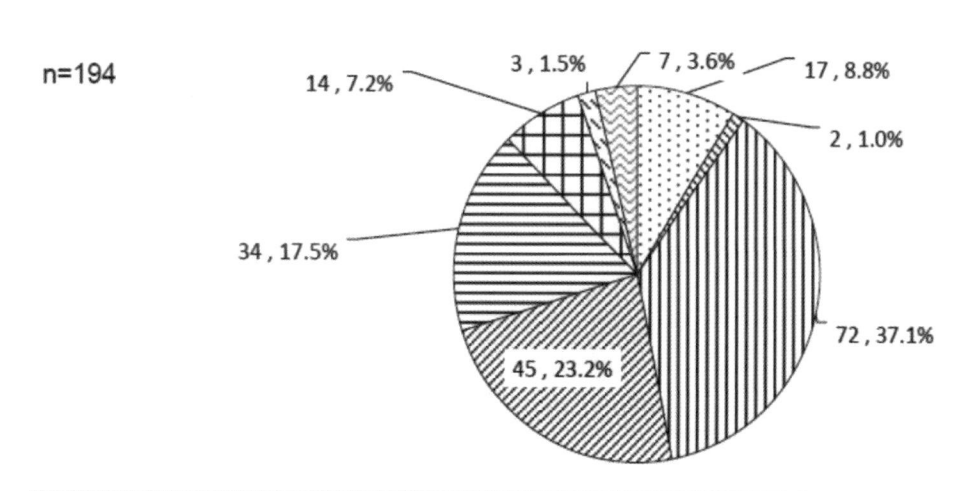

n=194

- 3, 1.5%
- 7, 3.6%
- 17, 8.8%
- 2, 1.0%
- 72, 37.1%
- 45, 23.2%
- 34, 17.5%
- 14, 7.2%

□市区町村長等によるトップダウンの指示	☒外部（議員、企業、住民等）からの要求
□業務継続計画（BCP）を策定したことによる効果の明確化	▨業務継続計画（BCP）を策定するための人員の確保
▤業務継続計画（BCP）を策定するための知見の確保	⊞業務継続計画（BCP）を策定するための予算の確保
□その他	▨無回答

出典）一般財団法人日本・防火危機管理促進協会（2013; 13）

回答で一番多かったのは、「業務継続計画（BCP）を策定したことによる効果の明確化」（37.1%）であり、次いで「業務継続計画（BCP）を策定するための人員の確保」（23.2%）、「業務継続計画（BCP）を策定するための知見の確保」（17.5%）となっている。BCPを策定することによるプラスの効果がわからず、立案しようにも人手や知見が足りないため、一歩を踏み出せない自治体の現状を示すものであろう。

また、「業務継続計画（BCP）を策定するための予算の確保」という財政的な要因を挙げた自治体は7.2%と相対的に少なく、「市区町村長等によるトップダウンの指示」（8.8%）を下回り、5番目の理由にとどまった点についても注目する必要があろう。今後、中小規模の自治体にBCPの策定を促すには、BCPの効用をはっきりと示したうえで、相対的に少数の人的資源によって策定を可能とするノウハウを普及させることが求められているのである。BCPを策定していくプロセスの中で、その自治体の弱点、脆弱性がどこにあるかを職員自身が認識できるようになることも、BCPの重要な効果のひとつである。それゆえ外部の事業者に立案を丸投げするような事態が生じるのは避けるべきである。その意味では、財政的な措置がまったく不要というわけではないであろうが、少なくとも本質的な解決策ではない。有効性の高いBCPを効率よく策定するノウハウの普及を急ぐ必要がある。

3. BCPが抱える諸課題と「連携」の可能性

3.1. 大規模災害時こそBCPは必要① ―東日本大震災―

では有効性の高いBCPとは、何であろうか。これには、いくつかの要件がありそうである。第一に、BCPは大規模な災害時にこそ必要とされる、ということである。有効性の高いBCPとは、いざというときに、実際に効果を発揮するBCPということである。つまり、きわめて甚大な被害が生じるような大規模な災害が発生した時こそが、BCPが真に求められるような事態であり、そのような事態に対応できないBCPは有効性が高いとは言えない。やや極端な事例かもしれないが、東日本大震災では、本庁舎の移転を余儀なくされた市町村が全国で13団体（うち津波によるものは4団体）、一部移転をした市町村

表1　本庁舎が地震・津波により被災した市町村数

（　）内の数字は本庁舎が津波による被災を受けた市町村

震度6弱以上を観測した都道府県	合計	移転	一部移転	移転なし
岩手県：全市町村数34	22(6)	2(2)	2(1)	18(3)
宮城県：全市町村数35	32(3)	3(2)	2(1)	27(0)
福島県：全市町村数59	36(0)	3(0)	3(0)	30(0)
茨城県：全市町村数44	34(1)	3(0)	5(0)	26(1)
栃木県：全市町村数27	26(0)	1(0)	2(0)	23(0)
群馬県：全市町村数35	18(0)	0(0)	0(0)	18(0)
埼玉県：全市町村数64	31(0)	1(0)	0(0)	30(0)
千葉県：全市町村数54	38(0)	0(0)	1(0)	37(0)

※福島原発事故の影響による移転は含んでいない。また、「移転なし」の数字は被災程度による整理を行っていない値である。（出典）内閣府調べ

出典）中央防災会議東北地方太平洋沖地震を教訓とした地震・津波対策に関する専門調査会（2011: 75）

が15団体（同2団体）にのぼる（表1参照）。その大半は津波ではなく、地震による被害のため移転を余儀なくされている。老朽化した庁舎の建て替え予算のねん出やその合意を形成することは、決して容易なことではない。しかし東日本大震災において、すでにこのような事例が生じた以上、「想定外の災害のため庁舎が倒壊したので、発災直後の対応が後手に回ってしまった」という言い訳は許されない。老朽化した庁舎を前提に、どのように業務を継続、復旧するのか、事前に練っておく必要がある。

　第二に、BCPの有効性を確保するうえでは、他の自治体との連携も視野に入れる必要がある。大規模な被害をともなう災害であるということは、（とくに地震の場合）当該自治体での被害もさることながら、隣接する自治体も甚大な被害を受けている可能性が高くなる。たとえば東日本大震災で比較的大きな被害を受けたとされる特定被災地方公共団体は9県、178市町村、特定被災区域に指定された自治体も含めると9県、227市町村におよぶ（内閣府 2012; 2）[9]。遠隔地の自治体等との協力や連携が求められるゆえんである。

3．2．大規模災害時こそＢＣＰは必要②
―首都直下地震―

　今後、いかなる災害が発生するかについて、ピンポイントかつ正確に予測することは人知を超えている。しかし、比較的高い確率で発生する可能性がある大規模震災として注目されているのが、首都直下地震と南海トラフ地震であろう。まず、首都直下地震では、大きな被害が予想される東京湾北部地震の場合において、死傷者数が16万人、避難者339万人とされている（表2参照）。

　そうした被害規模も重大ではあるのだが、さらに問題となるのが、被害の面的な広がりである。たとえば木造建築物の倒壊についてみると、濃淡はあれ、23区とその周辺の自治体に広く分布している（図5参照）。こうした被害想定を前提にする限りにおいて、市区町村が単独で、他の自治体とまったくすり合わせや連携をせずにBCPを立案し、運用しようとするのは合理性に欠けると言わざるをえない。

表2　首都直下地震による被害想定（東京湾北部地震、冬の夕方18時・風速8m/秒）

死者	負傷者	建物被害	避難者
9,700人（4,100人）	147,600人（17,700人）	304,300棟（188,100棟）	339万人

※（　）内は地震後の火災による被害で内数。
出典）東京都防災会議（2012b; 2）をもとに作成。

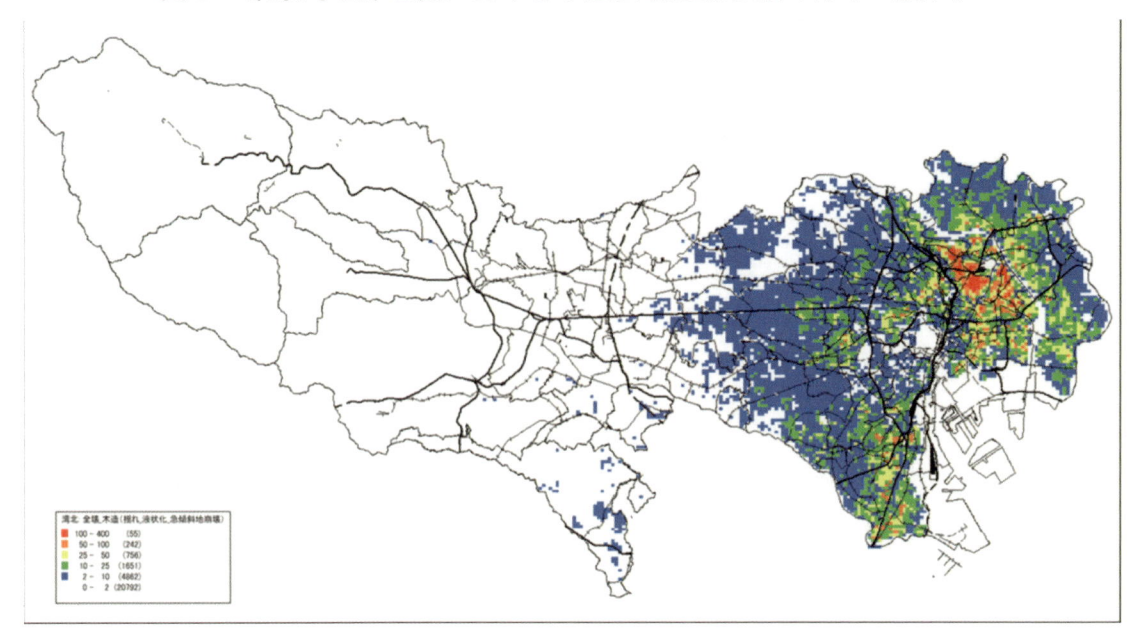

図5　東京湾北部地震における木造全壊建物棟数の分布（揺れ）

出典）東京都防災会議（2012a; 35）

　東京や大阪などの大都市とその周辺では大規模な市街地化が進展した結果、河川などでもない限り、市区町村の境界がどこにあるか判然としないほど、密集市街地が連担している。あるいは、自治体が平時に土木工事や建築物の補修等の事業を発注している事業者も、当該自治体のみならず、複数の自治体の事業を受注していることは想像に難くない。各自治体が自らの地域の災害対応に責任を負うのは当然のことであるが、いざというとき、住民の避難誘導に混乱が生じないか、復旧事業に想定していた事業者が複数自治体の引き合いにあって機能しないといった事態が生じないか、事前に近隣自治体と情報を交換し、調整しておかなければ、BCPや地域防災計画の実効性は担保されないのではなかろうか。

3．3．大規模災害時こそBCPは必要③
―南海トラフ巨大地震―

　また、震度、マグニチュードともに、首都直下とは比較にならない規模が想定されている南海トラフ巨大地震では、こうした問題がさらに顕在化、深刻化するであろう。東海から中部、近畿、四国、九州の太平洋側はほぼすべて、震度5強から7の強烈な揺れに見舞われる（図6参照）。これらの地域の多くでは、5~20メートル以上の津波が押し寄せることも想定されている（中央防災会議防災対策推進検討会議南海トラフ巨大地震対策検討ワーキンググループ 2013）。

　こうした超巨大災害では、国が率先して防災・減災に取り組む必要があるが、他方で、自治体はいざ巨大災害が発災したとき、なるべく機能を低下させず、業務を継続できるように準備を整えておかなければならない。ライフラインやインフラが復旧し、物流が再稼働するまでに要する時間的、人的コストは東日本大震災を上回る可能性が高い。自治体は近隣の自治体のみならず、域内の病院、小売店等の民間企業、あるいは商店会やボランティア団体等の住民団体や、さらには遠隔地の

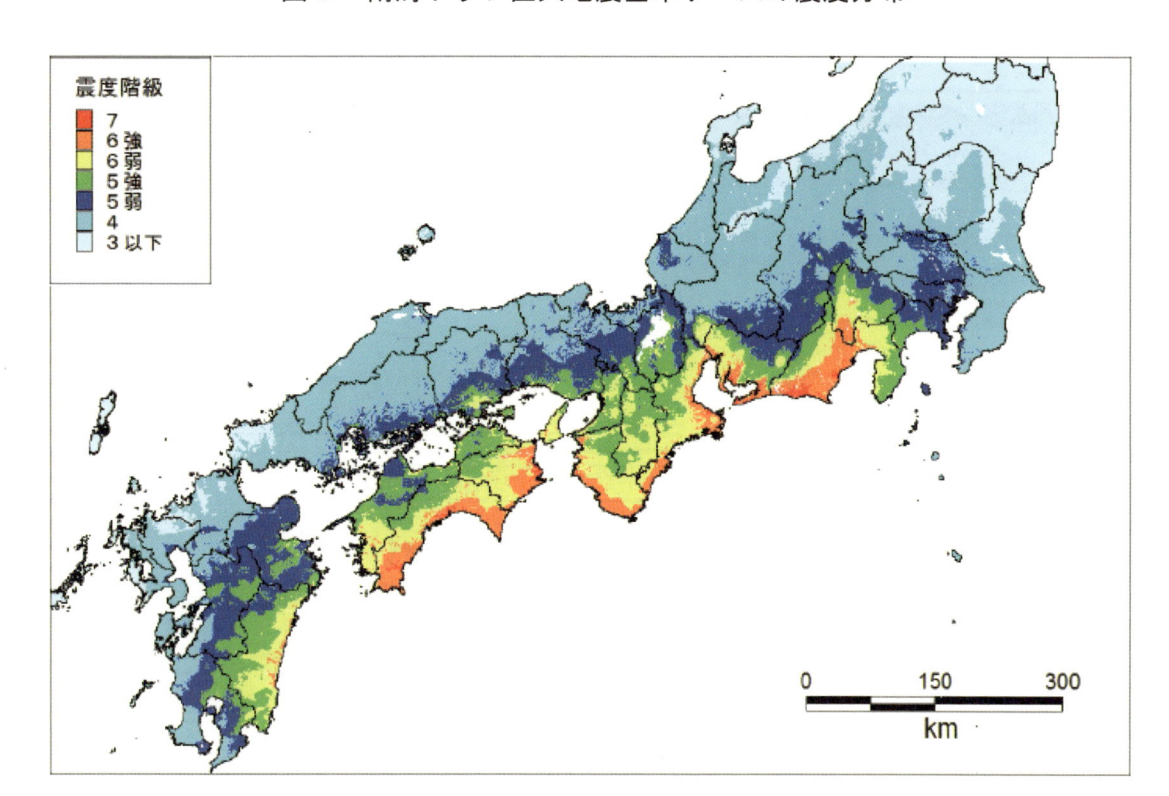

図6 南海トラフ巨大地震基本ケースの震度分布

出典）中央防災会議防災対策推進検討会議南海トラフ巨大地震対策検討ワーキンググループ（2013;3）

自治体などとも、可能な限り事前に連携する段取りを整えておくべきであろう。

4．近隣の自治体といかに連携するか

4．1．「オール鳥取県」の取り組み

ここまで検討してきたとおり、災害が大規模になればなるほど、①近隣自治体の計画との整合性や、②域内の様々な団体、あるいは遠隔地の自治体等との連携が重要になる。そこでまず、①の近隣自治体との計画の整合性等の点で、興味深い取り組みを行っている事例として取り上げたいのが、鳥取県による「オール鳥取県」を念頭に置いたBCP策定の取り組みである。

鳥取県は2012年6月に「鳥取県庁業務継続計画」を策定した。この策定にあたって、きわめて特徴的だったのは、県単独で策定に取り組むのではなく、県内の市町村、企業、医療機関、福祉施設との連携や整合性を強く意識して作業が進められた点であろう。県は県内の民間企業、医療・福祉施設、市町村と県の代表者からなる「鳥取県業務継続計画策定会議」を設置し、「鳥取県版業務継続計画（BCP）策定推進に関する基本指針」（基本指針）を策定した。この基本指針は、県のみならず、市町村や企業等がそれぞれのBCPを策定する際に、共通の枠組み、共通の理解と認識で策定を進めるための土台となるものである。基本指針作りの段階から、すべての主体を巻き込み、相互に連携しながら進め

図7　鳥取県のBCP策定におけるタイムライン

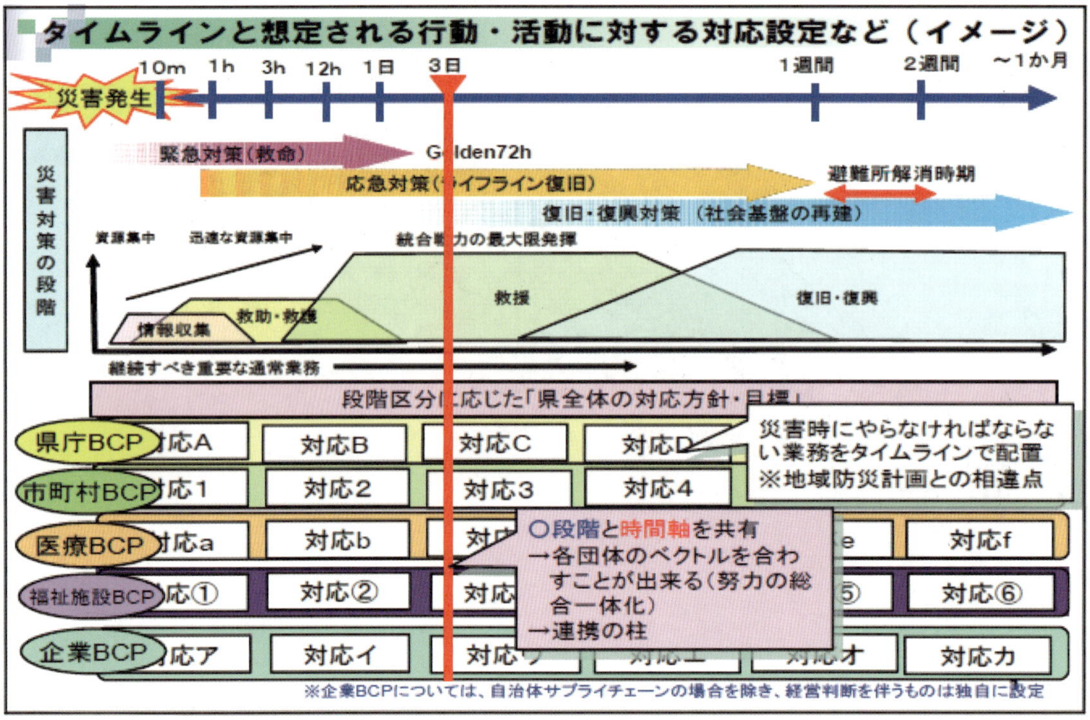

出典）鳥取県版業務継続計画（BCP）策定推進会議（2012; 8）

ていこうとしている点に留意する必要がある。

4．2．タイムラインの統一

　具体的に基本指針で示されている共通の枠組みや前提のなかで、とくに重要と思われるのが、「タイムラインの統一」と「必要な資源への被害状況の目安」の二点である。まず、タイムラインの統一とは、目標復旧時間（Recovery Time Objective : RTO）等、経過時間の区切りが県とその他の主体の間でずれることの無いよう、共通の時間・期間区分を設定することを意味する（図7参照）。

4．3．必要な資源への被害状況の目安

　もうひとつの「必要な資源への被害状況の目安」とは、非常時優先業務を実施するにあたって、必要となる設備やライフライン等の資源を洗い出し、その被害程度および復旧までの時間について一定の目安を示したものである。2011年の東日本大震災では、東北各地で「想定外」の津波が押し寄せたこと等により、被害状況も従来の想定を大幅に超えるものとなった。そうした観点から、表3からも明らかなとおり、鳥取県では、「東日本大震災で甚大な被害があった地域を参考に設定」している（鳥取県版業務継続計画（BCP）策定推進会議 2012; 9）。

表3　必要な資源（リソース）への被害状況の考え方の目安

業務資源名	被害の考え方の目安
事業所施設（庁舎）	①事業所施設は継続使用が不能と想定。近隣の代替拠点を利用。 ②事業所施設は継続使用が可能と想定。執務室内はキャビネット等の転倒、机上のパソコン落下、書類等の散乱が発生。
従業員（職員）	本人及び家族の被害、家屋の全半壊、交通機関の不通等により、業務に従事できない者が出ると想定。
電力	発災から3か月は外部からの電源供給がない。 （県内の状況：発災〜3日目→ほぼ全域停電、1週間→3割復旧、2週間→5割復旧、1か月→6割復旧、2か月→8割復旧、3か月→ほぼ復旧）
上下水道	発災から5か月は使用できない。 （県内の状況：発災〜3日目→ほぼ全域使用不可、1週間→1割復旧、2週間→5割復旧、1か月→6割復旧、2か月→7割復旧、3か月→9割復旧、5か月→ほぼ復旧）
ガス	発災から50日は供給がない。 （県内の状況：発災〜3日目→ほぼ全戸不通、1週間→3割復旧、2週間→4割復旧、1か月→7割復旧、50日→ほぼ復旧）
燃料（ガソリン、重油、軽油）	発災から7日は供給がない。 （県内の状況：燃料出荷が止まり、道路が寸断され、輸送網の回復のために7日を要する）
電話（固定、携帯）	発災から50日は通話ができない。 （県内の状況：発災〜3日目→ほぼ不通、その後、順次回復するものの、通信ケーブルの切断、基地局の倒壊、蓄電池容量の枯渇、局舎倒壊、長時間停電による発電機燃料の枯渇などにより、通信インフラ復旧により、通話がほぼ回復するまで、50日を要する。）

注）1　各主体におけるBCP作成の基準を示すため、東日本大震災において、被害が甚大であった地域の状況を参考に設定したものである。（ライフライン被害の状況については、宮城県の被害等状況資料、総務省（情報通信）資料などに基づく）
　　2　各主体における事業所（庁舎）は、事業所施設の①、②で示した使用不能、可能の2パターンを考えること。
　　3　自治体の庁舎などの防災拠点、公共施設などのライフラインについては、一般的に、優先して復旧される。

出典）鳥取県版業務継続計画（BCP）策定推進会議（2012; 10）

4．4．ワーキンググループによるBCPモデルの策定

　こうした基本指針にあわせて、県のBCPをはじめ、市町村や企業、医療・福祉施設の「BCPモデル」が、推進会議傘下のワーキンググループ（WG）によって策定された[10]。そしてそれらの「モデル」を参考に、各市町村や企業等それぞれの主体のBCPが策定されることとなったのである。前節で見たとおり、全国的にみると、BCPの策定率が依然として低調であることに鑑みれば、以上のような鳥取県をはじめとするオール鳥取県による取り組みは、きわめて先進的かつ示唆に富む取り組みであるといえる。

4．5．利点1　整合性の確保

　第一に、県のBCPと県内の市町村、企業、医療・福祉施設のそれぞれのBCPとの整合性を当初の段階から確保しやすい、という点である。それぞれの自治体等でBCPの策定が完了し、運用がスタートしてから、一定地域内で自治体間のBCPの内容をすり合わせようとしても、さまざまな軋轢や困難が生じる可能性が高い。何よりトータルの作業量で

見れば、後から調整する方式はどうしても非効率となる。鳥取県のような方式は、各主体間のBCPの整合性のみならず、策定における効率性も高める方式である。

4．6．利点2　関係者の関心・理解の向上

第二に、仮にBCPの策定に無関心な市町村や企業等があったとしても、県が基本指針策定の段階から各主体を巻き込んでいくことで、市町村等はBCPの必要性についての理解を深め、関心を高めることが可能となる。図4で見たとおり、BCPを策定も検討もしていない自治体が、検討を開始するにあたって最も求めていたのは、「業務継続計画（BCP）を策定したことによる効果の明確化」（37.1％）であった。推進会議の場が、BCPの具体的な役割とその効果を伝える場として機能することが期待される。

4．7．利点3　ノウハウの伝達とマンパワーの補完

そして第三に、BCP策定ノウハウの共有である。多くの自治体で職員の削減が進められている中で、職員が通常の業務をこなしながら、まったく新しい計画について、その立案スキルを高めていくことは、必ずしも容易なことではない。その点、推進会議やWGで、BCPの策定手順や共通の条件・目安を固め、BCPモデルにまで高めていく作業は、これに参加する各自治体職員にBCP策定についてのノウハウを伝達する作業としても機能しうるであろう。しかも、ある程度までモデルが示されていることで、市町村は、それぞれ独自に立案する場合よりも立案に係るマンパワーを節約することができる。

5．遠隔地の自治体といかに連携するか

5．1．遠隔地の自治体との連携の困難さ

ここまで見たとおり、鳥取県の採った方式は、近隣の自治体や民間の主体との連携を密にできるだけでなく、様々な利点も多い。では、②遠隔地との連携はどうはかるべきであろうか。「近隣」にくらべ、どこからどこまでに位置する自治体が「遠隔」なのか、また、連携する遠隔地として、どの程度の距離が最適なのか、一律に示すのはほとんど不可能事と考えられる。当該自治体の地理的特性や、どのような災害をどの程度の規模で想定するかなど、考慮すべき変数がきわめて多いからである。ただし、少なくとも次の二点については、BCPにおいて配慮することが可能であり、かつ、必要であろう。

5．2．受援計画等とBCPとの整合性

まず第一に、BCPと受援計画の整合性である。大規模災害になればなるほど、近隣自治体も自らの自治体と同じく被災自治体となっている可能性が高い。その際には、相対的に遠隔にある自治体やその他の機関・団体からの物的、人的な支援を受けることなろう。東日本大震災では、早い自治体では発災の翌日、あるいは遅くとも数日のうちに物資や支援自治体からの連絡員が到着し、日が経つにつれその数量は増大していった。非常時優先業務のなかで受援業務をきちんと位置づけ、その業務に対応するマンパワーや資源（物資の保管・仕分場所や連絡員等のための事務スペース等）の確保について、BCPと受援計画等との間で齟齬が生じないように事前に調整しておく必要がある。

図8　市区町村間で相互応援協定を締結している市区町村の割合

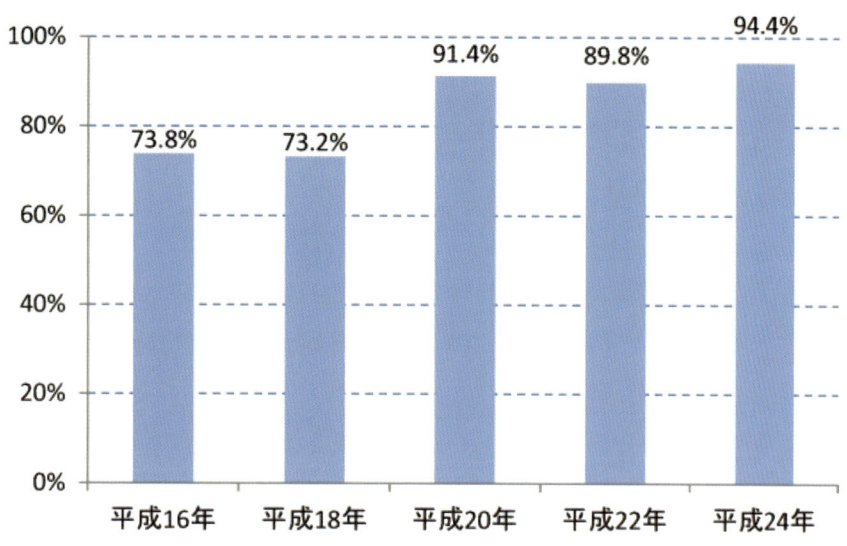

- 平成16年：73.8%
- 平成18年：73.2%
- 平成20年：91.4%
- 平成22年：89.8%
- 平成24年：94.4%

出典：消防庁「消防防災・震災対策現況調査」をもとに内閣府作成．各年4月1日現在

出典）内閣府（2013; 17）

5．3．相互応援協定や広域応援との整合性

第二に、これは遠距離の自治体に限らず、近隣自治体との連携も含まれるかもしれないが、相互応援協定や広域防災応援協定との整合性の問題である。内閣府（2013; 17）によれば、「都道府県間の広域防災応援協定については、平成7年の阪神・淡路大震災の発生以前は3件のみであったが、阪神・淡路大震災を契機に、全国に広域防災応援協定の締結が波及し、平成8年には、全国知事会において全都道府県による広域防災応援協定が締結され、日本全国の隣接する地域ブロックでの広域防災応援協定の締結・見直しが進んでおり、平成24年4月1日現在、全国で32協定が締結されている」とされる。同じく、広域防災応援協定を結んでいる市区町村は、1,645団体（市区町村の94.4%）にのぼり、増加傾向にある（図8参照）。

また、2012年6月の災害対策基本法の改正によって、従来から規定されていた円滑な相互応援の実施に加えて、広域一時滞在に関する協定の締結に関する事項の実施に努めなければならないことや、災害予防責任者は、あらかじめ地域防災計画等において相互応援や広域での被災住民の受入れを想定する等の必要な措置を講ずるよう努めなければならないといったことが規定された（総務省消防庁2012; 6-7）。これらは地域防災計画に関わる改正事項であるが、前述の受援計画と同様、これらと矛盾が生じないようにBCPを策定することが求められよう。

6．結論

ここまで、自治体BCPにおける連携の必要性、および、その具体的な可能性について検討を進めてきた。前節で見たとおり、地域防災計画においても自治体相互の連携が求められるようになりつつある。そのようなときに、地域防災計画を円滑に実施させる役回りも果たすBCPが、自治体間連携の要素を無視してよい道理はない。そもそも内閣府が

自治体向けに策定したマニュアルにおいても、「外部の関係者との調整等」として、自治体と他の自治体や団体等との連携について、その必要性を指摘している（内閣府（防災担当）2010; 13）。

では、いかなるかたちで連携を進めていくべきか、という点について、本稿では、同一県内といった相対的に近距離の近隣の自治体との間における連携と、大規模災害発生時等における遠距離にある自治体との連携とに分けて検討してきた。

近隣自治体との連携においては、県が域内の市町村や企業等を巻き込み、BCPを全県挙げて策定する方式には高い合理性があり、かつ、付帯する利点が多いことを示した。災害対策基本法では、域内の基礎自治体間の調整や国や外部の団体との調整役になることが広域自治体に期待されている。そうした点に鑑みれば、広域自治体単位でBCPの整合性が保たれていることが、初動から復旧・復興まで円滑に進められる余地を広げることにつながるとも考えられる。

また、BCPにおける遠隔地の自治体等との連携については、一律に示すのは困難であった。一般化して議論するには、関連する変数が多すぎたのである。そこで、一定の方式を示すのではなく、既存の受援計画や相互応援協定、あるいはそれらを新規に策定する際には、BCPはそれらについて目配りしたものになっていなければならない点について論じた。つまり、遠隔地の主体が関与している計画や協定との間での整合性を高めることは可能であるし、必要であるというアプローチである[11]。

本稿執筆時点において、日本の市町村の大多数でBCPが策定されていない状況にある。それは防災、危機管理上、解決しなければならない課題とみることもできる。しかし、それは見方を変えれば、大多数の市町村がよりよいBCPを策定するうえで「後進性の利益」を享受しうる可能性がある、ということでもある。先行事例をそのまま自らの自治体に転用するのは、実効性が確認、担保されていないという点で望ましいやり方であるとは言い難い。しかし、自らの自治体の特性を踏まえたうえで、先行事例の利点を積極的に摂取するのは、むしろ望ましいことである。その意味で、BCPの策定に焦点をあてた研究はこれからも進めていく必要がある。とくに、コミュニティといかに連携するかなどは、今後さらに重要な課題となろう。

他方で、都道府県や大規模自治体でのBCP策定率が高まりつつある点に鑑みると、これからはより一層、BCPをいかに運用するか、というBCMについても研究を深めていく必要がありそうである。

注

1 本研究は、筆者も委員として参加した一般財団法人日本防火・危機管理促進協会「地方自治体における震災時 BCP 作成に関する調査研究」での研究成果の一部、および、財団法人櫻田會「第 31 回櫻田會政治研究助成」による成果に基づいている。「地方自治体における震災時 BCP 作成に関する調査研究」委員長、福田充日本大学教授はじめともに調査研究に携わった皆様、一般財団法人日本防火・危機管理促進協会の皆様、そして、財団法人櫻田會の皆様に記して御礼申し上げたい。

2 BCP とは、本稿では「大規模災害等により深刻なアクシデントが発生しても、重要業務を中断させることなく継続すること、および、業務が中断した場合でも目標復旧時間（Recovery Time Objective：RTO）内に業務を復旧させることを目的とする計画」を意味する。BCP 概念の登場や必要性についての議論は、すでに西村（2012）において展開しているので、そちらを参照されたい。

3 これは、2005 年に経済産業省が「事業継続計画策定ガイドライン」を、同年に内閣府が「事業継続ガイドライン第一版―わが国企業の減災と災害対応の向上のために―」、翌 2006 年に中小企業庁が「中小企業 BCP 策定運用指針」を策定したのち、2007 年以降、国や自治体の行政機関に向けた BCP 策定ガイドラインが内閣府や総務省から出されていることからもわかる。国の取り組みについて詳しくは、西村（2012; 2-5）を参照。

4 当該部分および図 2 において参照した総務省消防庁（2013）は、表題が「地方公共団体における総合的な危機管理体制に関する調査（未定稿）」とあるように「未定稿」とされ、その表紙にも「本調査は現在精査中であり、未確定のものである」としている。ただし、同庁の諮問機関である「地方公共団体の危機管理に関する懇談会」に資料として提出され審議検討の材料とされていること、すでにウェブ上で公開され（http://ns1.fdma.go.jp/neuter/about/shingi_kento/h25/chihou_kiki_kondankai/19/shiryo01-6.pdf）一般でも入手可能であることから機密性の高い資料ではないこと、さらに、政府による類似の調査結果が存在せず、本資料を参照しなければ近年の BCP の策定率についての詳細な傾向を把握できないことなどの理由から、参照することとした。

5 地方公共団体の危機管理に関する懇談会資料、総務省消防庁「地方公共団体における総合的な危機管理体制に関する調査（未定稿）」2013 年 11 月、p.5

6 2014 年 2 月現在、一般市は 688 団体、町は 746 団体、村が 183 団体である（http://www.soumu.go.jp/kouiki/kouiki.html （2014 年 2 月 20 日閲覧））。

7 一般財団法人日本防火・危機管理促進協会「地方自治体における震災時 BCP 作成に関する調査研究」で実施した調査結果の一部である。当該アンケートは、「市区町村では、震災時の業務継続計画（BCP）をどのように策定しているのか、策定・運用過程のどこにどのような課題があるのかを明らかにする」ことを目的に、2013 年 10 月 25 日（金）から 11 月 15 日（金）まで、質問紙を用いた 郵送調査として実施された。調査対象は、層化無作為抽出法によって抽出された 800 市区町村で、回収率は 46.0%。

8 正確には、設問 II の問 1「業務継続計画（BCP）を作成すべきかどうかを担当者で議論したり、勉強会を開催したりするなど、事業化するかどうかを検討したことはありますか。」（回答方法は SA）という質問項目。「ある」が 90 団体（31.7%）、「ない」が 194 団体（68.3%）であった。

9 特定被災地方公共団体とは、「東日本大震災に対処するための特別の財政援助及び助成に関する法律」（財特法）第 2 条 2 項に該当する自治体であり、特別の財政援助の対象となる自治体のことである。また、特定被災区域は、特財法第 2 条 3 項に該当す

る自治体であり、当該区域の住民は社会保険料の減免等、特別の財政援助の対象となる。特定被災区域は、222市町村が指定されているが、特定被災地方公共団体と重複していることが多く、どちらかに指定されている市町村の合計は227市町村となる。他の都道府県や市町村と異なり、特別の支援を受けられる点で、相対的に大きな被害をうけたと政府が判断した地域であるとみることができる。

10 WGは「県庁BCP WG」「市町村BCP WG」「企業BCP WG」「医療・福祉BCP WG」の四つが設置されていた。さらに、これらのWGの主要メンバーが随時意見交換を行い、WG間の調整を行うための機関として「コアメンバー会議」が設置されていた。

11 むろん、BCPのなかで直接遠隔地の自治体等との連携については、あらゆる自治体を全体とした一般論では一義的に論じられないだけであって、特定の自治体が策定するBCPのなかで、特定の遠隔地の自治体等との連携について、何らかの項目や優先業務を設けることができないというわけでは全くない。

参考文献

一般財団法人日本防火・危機管理促進協会（2013）「地方自治体における震災時 BCP 作成に関する調査 集計結果（速報）」

総務省消防庁（2012）『消防の動き 496 号』

総務省消防庁（2013）「地方公共団体における総合的な危機管理体制に関する調査（未定稿）」

中央防災会議東北地方太平洋沖地震を教訓とした地震・津波対策に関する専門調査会（2011）「東北地方太平洋沖地震を教訓とした地震・津波対策に関する専門調査会報告 参考図表集」

中央防災会議防災対策推進検討会議南海トラフ巨大地震対策検討ワーキンググループ（2013）「南海トラフ巨大地震対策について（最終報告）～ 南海トラフ巨大地震の地震像 ～」

東京都防災会議（2012a）「首都直下地震等による東京の被害想定報告書」

東京都防災会議（2012b）「東京都の新たな被害想定について～首都直下地震等による東京の被害想定～」

鳥取県版業務継続計画（BCP）策定推進会議（2012）「鳥取県版業務継続計画（BCP）策定推進に関する基本指針[第 2 次改訂版]」

内閣府（防災担当）（2010）『地震発災時における地方公共団体の業務継続の手引きとその解説』

内閣府（2013）『防災白書平成 24 年度版』

内閣府（防災担当）、総務省消防庁（2010）「『地震発災時を想定した業務継続体制に係る状況調査』結果の概要について」

西村弥（2012）「自治体における業務継続計画（BCP）の現状と課題」『危機管理レビュー Vol. 1』pp.1-28。

第5章

アメリカにおける危機管理行政の実績と課題

－連邦危機管理庁（FEMA）の役割変化と
「重要施設の保護」を中心に

明治大学　名誉教授
中邨　章

1．はじめに

　小論は、アメリカ政府がこれまで実施してきた危機対応策を3つの課題に限定して検討することを目的にしている。最初に、アメリカにおける危機対応策の特色について説明する。この作業は、ヨーロッパ連合（EU）との対比という枠組みで進める。大西洋をまたぐ二つの異なる国々における取り組みは、歴史や文化の違いを反映し、対照的な思想やアイディアにもとづき実施されてきた。個人主義を基本とするアメリカ、それに対しコミュニティの安寧や公共利益に力点をおくEU諸国、二つの距離を置いた地域の危機管理策には、内容が異なる結果が生まれている。[1]

　ごく簡略化して言うと、日本政府がこれまで進めてきた危機管理策は比較的、EU方式に近いと見ることができる。ただ、最近の傾向として、危機管理行政の分野においてもグローバル化が進んでいる。テロの頻発が対策の一元化を進める要因であるが、テロ対策に各国は国境や文化、それに歴史などを越え、普遍的で同じような方法をとる必要に迫られている。危機管理対応の国際化が進むなか、今後、日本の対策はどうあるべきか、それを探るのが小論の最初の課題になる。

　二つ目に、所論はアメリカで連邦危機管理庁（Federal Emergency Management Agency, 以下、FEMA）と指称される政府組織につき分析を進める。この機関は、久しくアメリカ政府の危機管理行政の中軸を占めてきた。一時、その機能的な活動は、世界の注目を集めた。それが、2001年9月11日にニューヨークで発生したテロ事件によって一変し、変化は2005年、ニューオリンズ地方を襲ったハリケーンによる大災害によって加速度を増した。テロや自然災害に対して、FEMAは機能不全に陥り、なにもできなかったという批判が続いている。

　最近では、その存在すら危ぶまれる政府機関に様変わりしているが、それを象徴するのは、2003年にFEMAが新設の国土安全保障省（Department of National Homeland Security, 以下DHS）の一部に格下げされたことである。ここでは、FEMAのこれまでの実績と課題に説明しながら、そこから日本はなにを学ぶかを考えて見たいと思う。

　3つ目に、所論は「重要施設の保護」と呼ばれる問題を取り上げる。Critical Infrastructure Protectionが、もともとの表現であるが、この言葉には、三つの異なる意味がある。一つは、原子力発電所や基幹飛行場、それに政府機関や自治体、さらにはサイバーなどの表現で呼ばれる情報そのものや情報設備など、それぞれの国で最も重要と考えられる物理的な施設を指している。二つ目に、この表現にはそれら基幹重要施設が提供するサービスを、一時たりとも中止させないという意味が込められている。危機状況にあっても、業務を継続させ国家機能を中断させないという、強い意志を反映したのがこの言葉である。三つ目に、重要施設を守ることに国の総力を賭けることを、この表現は含意している。基本となる施設を死守することが、国そのものの存続に関わると考えられるからである。

　「重要施設の保護」策はアメリカにはじまり、今ではEU諸国でも制度として定着してきた。日本ではこの制度はまだまだ議論に上っていないが、早急に検討を要する課題と考えられる。アメリカやヨーロッパの経験から言うと、「重要施設の保護」策にはいくつか大きな問題も残る。その点を検討し、日本の今後に備えるというのが、所論の3つ目の目

的である。

2．アメリカの危機管理行政とEUの対策－基本的スタンスの違い[2]

2．1．自由放任と公共利益

　法律に規制されない限り、国民は自由である。これがアメリカの国是になってきた。一方、ヨーロッパでは国が自由の範囲を制限列挙する。それ以外の部分で自由は認めないのが、ヨーロッパ方式である。自由放任主義をとるアメリカ、自由を制限列挙するヨーロッパ、この違いは米欧の危機管理対策にも大きな影響を及ぼし、興味ある格差を生んできている。

　遺伝子組み換えによって造られた食品が、その一例である。アメリカでは遺伝子組み換え食品はスーパーマーケットで自由に販売される。危険かどうかは、国や自治体でなく消費者自身が決めるというのが、アメリカの商慣習である。アメリカの場合、それを消費し身体に変調が出れば、そのときは弁護士の出番になる。遺伝子組み換え食品の危険度は、訴訟事件を通して最終的には裁判所の判断で決まる。一方、ヨーロッパではほとんどの国が、科学的な知見にもとづき遺伝子組み換え食品の販売を法律で禁止している。アメリカの弁護士重視に対して、ヨーロッパでは科学的知識が尊重される。危機管理行政に対する米欧の重要な違いである。

　自由放任主義の伝統は、アメリカで個人主義を発達させる原理になってきた。個人主義を基本にするアメリカで、危機に備えるのは個人や企業である。自助と自衛が危機対応の基本になる。この点でもヨーロッパは異なる。個人よりもコミュニティ全体の安全を図り、公共利益を優先させるのが、ヨーロッパに固有の危機管理方式である。公共利益を重視するヨーロッパでは、危機対応の主役は国であり自治体である。国や自治体が創る法律や規則が、ヨーロッパ型危機対応策の基本になる。

　アメリカで自助や自衛が危機管理の基本であることを示す格好の文書がある。アメリカの憲法修正第2条は、国民が銃を保持する権利を容認している。以前から問題視されてきた憲法修正規定であるが、国民それぞれが銃を携行する自由を保障し、自分の命は自分で守るのが、アメリカ固有の社会的規範である。その結果、拳銃による乱射事件が後を絶たないのは、周知の通りである。ただ、銃規制（Gun Control）は全米ライフル協会（NRA）など、強力な圧力団体の影響で政治化することが多い。規制が国策になる見通しは、これまでのところほとんど立っていない。

2．2．自助と自衛―アメリカの危機管理行政

　個人が危機に対して自助と自衛で臨むというアメリカ社会の特色は、いろいろな政策に反映されてきた。例えば、医療保険である。アメリカで医療保険は自己責任を原則にしている。日本のような皆保険制度は存在しない。アメリカで企業に勤める人びとは、会社側と折半するなどの方法を講じ、民間の保険会社から医療保険を買うという措置をとる。一方、それができない低所得者層に関しては、連邦政府が1965年に「低所得者医療制度」（Medicaid）と呼ばれる施策を発足させた。低所得者は、一般にクリニックと呼ばれる施設で診療を受ける。時間がかかる上に高度な治療は期待できないが、少なくとも病状の診断と最低限の治療を受けることは可能であ

る。

問題は、それ以外の無保険者である。その数は、5,000万人を越えるとも推定される。こうした人びとは、一旦、病気になると医者にかかれず、病院にも行けない。数年前、アメリカで調査旅行中の夏、週末に健康状態に異変をきたし、緊急病院に駆け込む羽目に陥った。病院に駆けつけると正面の受付窓口に、「医療保険のない方の診療はできない」と大書した案内板があることに気付いた。そこに、筆者とほぼ同時に緊急治療を必要とする病人が入ってきた。信じられないことであったが、その救急患者は医療保険がないため病院の窓口で門前払いを食らった。これには、本当に驚いた。皆保険制度をもつ国のありがたさを思うと同時に、アメリカの無保険者は病気に罹るとどうなるのか、不安になった記憶が鮮明に残る。

同じような問題に、日本では無料が当たり前の緊急車輌がある。日本と異なり、アメリカでは救急車はもとより消防車も有料という地域が多い。日本では信じられないが、救急車のサイレンを鳴らしたかどうかで、料金が異なる。サイレンを鳴らして病院に搬送された場合、救急車の料金は2,000ドルにもなったという話しもある。当然、搬送途中の救急車両の中でどのような緊急治療を受けたかで、救急車の料金は大幅に異なる。自動体外式除細動器（AED）などを使用した場合は、100万円近い費用がかかることも覚悟しなければならない。ただ、救急車にかかった費用は保健があれば、それでカバーされるのが一般的である。それにしても、アメリカ医療の自助原則に改めて驚かされる。現状から利益を得るのは、国民皆保険に否定的な医師会と、保健を売買する民間企業だけというのが、専らの噂である。それら既得権の壁を崩

すことは、オバマ政権でもなかなか容易なことではなさそうである。[3]

自助という点では、消防車輌の出動をめぐる論争について紹介しなければならない。アメリカ・テネシー州の田舎町で起こった事件であるが、同州のオビオン郡（Obion Country）では、火災の発生など消防自動車の出動を必要とする住民は、あらかじめ自治体に年75ドルを納める決まりである。それを怠ると、火災が発生しても消防車はこない。2010年9月30日、同地域に住むクラニック氏の住宅が出火した。クラニック氏はすぐに911番に電話をかけ、消防車の出動を要請した。ところが、返ってきたのは「75ドル未納」という回答であった。結局、消防自動車は75ドルを納入していた隣人の自宅には到着したが、クラニック氏の自宅は全焼、すべての財産を失うという結果になった。

同じような事件は、テネシー州の各地で続発している。なかには、75ドルの未納で自治体が消防車を出動させなかったことに批判的な意見がある。少額の未納金で財産の全てがなくなるというのは、いくらなんでもヒドイと首長を非難する声が上がる。しかし、これは少数意見に止まっている。多数派は異なる見方をとる。彼らにとって、消防車は住民の自治意識と自助概念を具体的に表現する機材である。75ドルの拠金で支えられた消防車は自助と自衛の反映と、首長を支援する意見が圧倒的に多い。[4]

2．3．連邦制と危機管理

自由放任主義、個人主義、それに自助や自衛を基本とするアメリカの危機管理対策は、政府や自治体の役割を重視し、法律や規則で施策を進め、個人より共同益に備えるという、ヨーロッパ方式と異なってきた。ところが、

ヨーロッパをEU連合に絞ると、両者には共通する課題がある。その一つは、アメリカもEUも連邦制（Federal System of Government）を採ることである。

連邦制を敷くアメリカの場合、危機管理の担い手は州政府や自治体である。連邦政府は州や自治体の施策を後方から支援する脇役に過ぎない。危機管理行政の分野においても、分権を基本として、連邦政府よりも州政府や自治体の立場が尊重される。すでに10年前のことになるが、筆者はアメリカの危機管理策を調査するため、首都ワシントンに出かけたことがある。ワシントンに行けば、アメリカ全土の危機管理体制が分かると錯覚したからである。FEMAに出かけて最初に言われたことは、ワシントンで州や自治体の対策は分からない。危機管理行政で先進的な試みを行っているカリフォルニア州に行くことを強く勧められた。中央集権の国で育った筆者が、連邦制や分権の実際を再確認する出来事であった（Roberts, 2008: 416-443）。

その後、カリフォルニア州の首都であるサクラメントに向かったが、ここでも基礎自治体が個々に実施している対策は不明であった。最終的には、回り道をしながら、地震や火災の多いサンフランシスコ市とオークランド市で面接を行う結果になった。分権国家ではボトム・アップが危機管理の基本という事実を、再三再四、思い知らされた調査であった。基礎自治体から州政府、それに連邦政府につながる危機管理行政の政府間関係では、危機管理の主役は基礎自治体になる。このレベルで手に負えないと、対応策は州政府の手に移る。それでもダメな場合は、連邦政府の責任になる。こうした政府間関係を取る結果、アメリカの自治体は政府間の連携に重点を置く。後で詳しく説明するが、FEMAの抱える重要な任務の一つも、もともとは政府間関係の調整にあった。[5]

この点については、日本もアメリカから多くを学ぶべきかも知れない。日本の場合、法律上は都道府県や自治体が危機管理対策の中心いう体裁を採っている。それぞれの自治体に地域防災計画の作成を義務づけていることなど、その一例と考えられる。ところが、実務になると、アメリカなどと異なり集権が実状である。今回の東日本大震災でも被災県は国からの指示を待ち、国や県からの指示が届かない市町村は右往左往するという状況が続いた。日本では今後、法律を離れ、実際面でも自治体中心の危機対策を強化することが必要である。そのために都道府県や自治体は、ややもすると国に依存する体質から脱却することを考えるべきである。それに代わって、地方自治体自身が自助、自律の姿勢で危機対策に臨むスタイルを確立することが望まれる。

EUも連邦制を取る組織である。しかし、28カ国に及ぶ主権国家を構成員とするEUは、危機管理という政策分野においては、アメリカとは異質の課題を抱える。欧州議会（European Union Parliament）は、この国際機関の立法部にあたる機能を備える。後に「重要施設の保護」の項目で説明するが、欧州議会が創る危機管理のルールは、加盟各国の政府によって承認されなければならない。ごく一般化して言うなら、欧州議会が斬新な規則を創っても、加盟国がその承認手続きを進める過程で、革新的なアイディアはやがて牙を抜かれ、平凡なルールに落ち着くことが多い。EUの危機対応策が穏健な中身を持ち、機能的でないと批判される理由は、その辺りに原因がある。

アメリカとEUは同じ連邦制を採りながら、

危機管理の分野で対応の違いを見せてきたのが、これまでの姿である。ところが、近年、これに変化が出始めている。テロの多発がその大きな要因である。アメリカ・ニューヨークで発生した9/11事件をはじめ、ヨーロッパでも2004年にはスペインで列車爆破テロが発生し、2005年にはロンドンで連続テロ事件が起こっている。無差別の大量殺戮を狙ったテロは、この先も増える可能性が高い。

テロ事件が国際化するに及んで、その対応策も世界化を必要とされてきている。アメリカとEU間とでテロリストの情報交換を進めることや、各国に共通した対応策の強化が期待される状況が出ている。これが危機管理のグローバル化と呼ばれる現象であるが、その際のキー概念は分権に変わる集権である。いろいろな国においてテロへの対策は国が主導し、トップ・ダウン方式で対応する方法が採用されている。正体不明のテロリストに備えるためには、国が主導し機動性と即応性の高い体制を構築する必要があるというのが、その理由である。結果、アメリカとEUの危機管理対策は垣根を低くし、近年、集権という形をとりつつ接近する傾向が顕著である。危機管理のグローバリゼーションは、この先も一層、強まる気配が見られる　（Yusta, Correa,andLacal-Arantegui,2011:6100-6119）。

3．政治化するアメリカの危機管理行政―FEMAの変遷と苦悩

3．1．国防と災害のはざまで―揺れるアメリカの危機管理対策

これから、アメリカの連邦危機管理庁（FEMA）を説明する。アメリカでは、戦後、国防が危機管理行政の主軸になった。これには、日本の真珠湾攻撃が大きく関わっている。1941年12月8日、日本がハワイを奇襲攻撃した翌日、連邦議会に臨んだ当時のアメリカ大統領、フランクリン・ルーズベルトは、12月7日をアメリカの「恥辱の日」(The Day of Infamy) と呼んだ。これは、日本の奇襲攻撃に対する憤りと、アメリカの太平洋艦隊が「だまし討ち」をまったく予想しなかったことについて、怒りを表した表現である。日米開戦への予兆や早期警報があったにも関わらず、ハワイの海軍司令は無策で、危機管理への準備を怠った。その結果、太平洋艦隊は壊滅的な打撃を受けるにいたった。アメリカが12月7日を「恥辱の日」と呼ぶ理由である。

日本海軍による真珠湾攻撃は、アメリカの危機管理行政に大きな影響を及ぼしてきた。パールハーバーをきっかけに出てきたアメリカの危機管理対策では、いかにして「だまし討ち」に備えるかという軍事的な課題が大きな比重を占めた。原点が奇襲攻撃であっただけに、アメリカの危機管理は当初から国防色が強かった。わけても、米ソ関係が悪化し核戦争に対する恐怖が増大する1950年代以降になると、危機管理対策はしばしば民間防衛（Civil Defense）という言葉で語られはじめた。ソ連からの奇襲攻撃に官民が挙げて、いかに身の安全を守るかに大きな関心が集まった。

そうした歴史を背景にFEMAは、1979年、カーター政権の時代に自然災害や大事故の発生を想定して創設された、不測事態に対応する連邦政府の機関である。日本では誤解されることが多いが、FEMAは実務機関として創られた組織ではない。災害現場で直接、活動するのではなく、各種行政機関との調整、

それに民間企業やNGO・NPO、さらには住民を後方から支援することが、この組織の大きな職務である。クリントン政権の時代、FEMAは災害や事故による被害者を迅速に援助し、危機管理を円滑に進める組織として、日本でも注目を集めた。NHKがFEMAの特集番組を組んだことさえある（中邨, 1998:87-106）。

ところが、2001年9月に起こった同時多発テロ事件でFEMAは、対応能力不全と批判を受けた。そのせいにもよるが、2003年になるとFEMAは大きな改革を経験する。組織はそれまでの大統領府に直属する機関から、新設された国土安全保障省（DHS）の一部に格下げになった。批判の影響は、これだけに止まらなかった。その後もFEMAに対する風当たりは強く、予算の大幅削減や、人員のカットなど、再編は引き続き実施された。弱体化をくり返すFEMAであったが、そこに2005年、カテリーナという名前のハリケーン災害が飛び込んできた。この時にも、FEMAはさしたる成果を挙げることは出来ず、組織の恥部だけが大きく報道される事態になった（Perrow, 2007: 43-129; Birkland, 2009: 423-438）。

3．2．FEMAの誕生と危機管理体制の一元化

アメリカで非軍事的な問題をテーマにした危機管理行政が重要になるのは、1980年代以降のことである。米ソの対決が終わって防衛問題の比重が低下し、この頃から危機管理対策は自然災害や人為的事故を主題にした中身に変化させる。ところが、その場合においても、なお軍の影響は残った。ことに、人事の面でそうであった。国防色が後退した時代になっても、危機管理の分野では引き続き軍人出身者が要職を占めた。軍経験者の登用は、危機管理分野ではもっとも事案に精通し、訓練を積んできた人材として正当化された。

1979年、FEMAが創設されるが、直接のきっかけは、同年3月28日にペンシルバニア州のスリーマイル島で発生した原発事故である。この事故に対する政府や自治体の対応は、きわめて緩慢でお粗末であった。連邦政府では責任主体が複数の省庁にまたがり、それが事件の事後処理を大幅に遅らせたと言われた。その原因は、アメリカの連邦議会が危機管理行政について理解が乏しく、それまで場当たり的な対応をしてきたためである。

1979年から1988年まで、アメリカの危機管理行政は1974年につくられた「災害救助法」（Disaster Relief Act）を基本にしてきた。ただ、この法律は包括的でない上、そもそも危機管理行政を視野に作られた制度でもなかった。災害救助法の下では、緊急事態が発生すると、その解決に専従する政府機関が乱造され、権限は複雑に錯綜するという状況が出てきた。そうした欠陥を認識し、カーター大統領は1979年4月1日、危機管理に関係するそれまでの省庁をひとつにまとめ、権限を一本化したFEMAを新設した。以後、FEMAがアメリカの連邦政府で危機管理行政を主管する責任省庁に決まった（Styles, 1996）。

すでに指摘したように、FEMAは危機の発生と同時に現地に乗り込み、救済や復旧作業にあたる実務機関ではない。この組織のもっとも重要な機能は、危機管理行政という分野で、州政府や自治体からの要請や要望を吸収する連邦政府の窓口になることである。州や自治体の窓口機能を果たしながら、資金など各種の資源を有効に効率よく配分し、危機管

理行政を経済的に進めることが、この組織に課せられたもっとも重要な責任であった。危機管理行政の政策調整機関というのが、この当時のFEMAをもっともよく特徴付ける表現である。

　危機管理庁には、最盛期の1998年当時、合わせて2,600名の正規職員が在籍した。それらの職員は、ワシントンにある本部のほか、全米に10カ所設けられた支所（Regional Offices）で勤務した。その他、緊急事態が発生しFEMAが責任主体となる場合には、臨時職員や予備職員、さらにはボランティアなど、4,000名近くを動員することが可能と言われた。"Bottom-up"を危機管理行政の基本とするアメリカであるが、一時、FEMAの機能と役割が拡大する傾向が顕著になった。一時的にしろ、アメリカで危機管理行政の重心は、自治体や州政府からFEMAに移ったと言われ、この組織のプロフィールは拡大した（FEMA, 1996）。

　1993年前後から一時期、FEMAに対して各所からつよい批判が出た。FEMAの人事が不明朗という意見が増えたのが、その理由である。しばしば、FEMAは「ゴミ箱」（Dumping Ground）とも呼ばれた。とりわけ、軍に関係する高官が退役すると、天下り先はFEMAになった。創設から1993年までFEMAの幹部のうち、30名は政治任用によって退役軍人が指名された。全米の10カ所にある支所の所長人事も、同様に軍隊出身者が政治任命によって要職についた。政治ともっとも関係の薄いはずの危機管理行政は、疎遠であるだけに重視されず、政争の具に利用される割合が増えた結果である（中邨、1998）。

３．３．FEMAの消長－ウイット長官の業績と限界

　1993年、クリントン政権が登場して、不明朗人事は改善の方向に向かった。クリントン大統領は、FEMA長官にアーカンソー知事時代の友人であり、アーカンソー州で危機管理を担任していたジェームス・リー・ウイット氏（James Lee Witt）をあてることにした。ウイット長官は危機管理行政では、指導性と調整能力、それに管理能力がなによりも重要と考えた。長官が率先して州政府や自治体との折衝にあたり、それらの異なるレベルの政府とも目線を同じくして対話をすることにつとめた。その結果、FEMAは各地の州政府や自治体から、信頼のおける連邦機関という高い評価を受ける組織に変わった（Styles, 1996）。

　これは、地方分権と地方自治の伝統のつよいアメリカでは、きわめて重要な意味をもつ。地方分権や地方自治は、アメリカの危機管理行政でつねに念頭にしなければならない要件である。アメリカの危機管理行政は、自治体を基本にしている。自治体は初期対応者（First Responder）と定義され、事件が発生した際の第一義的な責任主体である。州政府も連邦政府も、地方自治体が固有にもつ権限を犯すことはできない。自治体からの要請があってはじめて、上位の州政府や連邦政府が事件との関係をもち、事態の収拾に力を貸すことになる。

　自治体が大きな比重を占めるアメリカでは、異なる政府レベルの関係をどれだけスムースに展開していくか、それが危機管理行政の正否をあずかる決め手である。ウイット氏が長官に就く以前、FEMAはこのことに十分な関心を寄せてこなかった。それよりも、軍隊式に州政府や自治体に命令を下し、自治体

を兵隊のように動かそうとしてきた。その結果、地方団体からの反発が絶えず、FEMAに対する批判が続いた。

ウイット長官に代わってアメリカの危機管理行政は、中身や有効性などの面で格段に進歩したと評価が高い。ウイット長官が軍隊方式の上意下達方式をとらず、話し合いや協働にアクセントをおいたからである。いろいろな組織との調整に十分な配慮と時間をとったウイット長官の下で、FEMAは州政府や自治体の要望に耳を傾け、活発に危機管理の資金助成を進める施策を展開した（中邨,1998; National Academy of Public Administration, 993: 9-19）。

"Bottom-up"方式をとるアメリカで、その基本になる自治体レベルでは、2000年まで全米で年間およそ5万件から6万件の非常事態が発生していた。それらの緊急事態には、オクラホマ市で起こった連邦ビルの爆破事件をはじめ、フロリダ半島を直撃するハリケーンや、中西部のまちを襲う竜巻、さらには、ニューヨークやロスアンゼルスでの誘拐事件などが含まれた。それらの事件の解決にFEMAが関与することがあった。FEMAは危機に直面する自治体に対して、赤十字に連絡を試み、ボランティアを動員するなど、後方支援役を果たした。また、自治体や州政府からの依頼によって、FEMAが直接、危機の事務管理や政策調整の主体になることもあった。その数は年間50件程度になった。

当時から、FEMAには頭の痛い課題があった。予算に関連するものが多いが、連邦議会が危機管理行政に理解を示さないことが悩みの種になった。アメリカのように国土が広い国では、自然災害や人的災害は地域によって偏りを見せる。アメリカのなかでも、南部はハリケーンや竜巻など、災害が多発する地域である。1953年から1994年の間に、ミシシッピー、アラバマ、ジョージアなど深南部とよばれる地域で、大統領が非常事態宣言を出した大災害は205件に上る。この数は、テキサスなどの中西部になると191件、カリフォルニアやアリゾナなど西部地区では168件になった。ところが、その他の地域では同じ時期、災害の発生は全部を総計しても95件にしかならなかった（Styles, 1996）。

災害の発生頻度が低い地域を代表する議員は、危機管理に予算をかけることに反対した。FEMAの機能や役割についても理解が不足し、議会では毎年のようにその予算削減が議論になった。その上、アメリカでは2000年前後、国・地方と問わず「行政革命」（Reinventing Government）と総称される行政改革が注目された。行革のターゲットは、いつ起こるか分からない災害や人災に巨大な費用をかけるFEMAであった。

周辺の環境が悪化するなか、FEMAは各地の州政府や自治体で危機管理行政を担当する人びとを結集し、大きな政治力に育てようとした。州政府レベルでは、危機管理を担当する管理職を集め、「全米危機管理行政協会」（National Emergency Management Association）を結成した。一方、自治体レベルでは、「全米危機管理調整議会」（National Coordinating Council）が作られ、FEMAの応援団に仕立て上げた。そうした努力にもかかわらず、FEMAの存在意義はそれほど高まることはなかった（Waugh and Styles, 1996）。

3．4．　FEMAの批判と国防重視への移行

保守派のブッシュ政権は、2001年1月に誕生している。ブッシュ大統領は、就任と同時にFEMA長官にジョー・アルボウー氏

(Joe Allbaugh）を指名した。アルボウー氏は、ブッシュ大統領がテキサス知事を務めていた頃からの親しい仲間であった。同氏は大統領の参謀として選挙を仕切り、その功績でFEMAの長官に任命された。この人事の可否を審査するため、アメリカ上院議会は2001年2月に公聴会を開いている。その場でアルボウー氏は、それまでのFEMAの危機管理策を批判し、施策の軸足をアメリカ本来の姿である州政府と自治体に移すことを主張した。不測事態が発生するとFEMAではなく、地方政府が責任主体となるべきというのが、同氏の持論であった。新長官に就いたアルボウー氏は、この自説に沿ってFEMAの大幅改革に着手した。

　アルボウー氏は長官に就任した2001年2月から、FEMAがそれまで州政府や地方自治体に提供してきた補助金の見直しをはじめた。この補助金カットは、前任のウイット長官が築いてきた国と地方の協働方式に大きな打撃を与えた。一例が「インパクト計画」（Project Impact）と呼ばれる施策である。これは、1997年にはじまった企画であるが、竜巻やハリケーンなどの自然災害に備えて「減災」を推進する計画であった。FEMAは災害への事前準備を充実するため、自治体が減災策を進めると特別の補助金をつけるという施策を続けてきた。ところが、ブッシュ政権はそれを資金のばらまきと非難し、2001年に計画の打ち切りを決めた。以後、自治体の危機管理行政は、積極的な減災推進から発災後の「応答」へと消極的な路線に中身が変わった。この変化でFEMAの役割は低下し、地方自治体との間にも隙間が出るようになった。そこに発生したのが、同年9月11日の同時多発テロ事件であった（Birkland, 2009:425-427）。

　テロ事件は元来、国務省や国防省、あるいは、中央情報局（Central Intelligence Agency）や連邦捜査局（Federal Bureau of Investigation）、さらには、国家安全保障局（National Security Agency）や中央保安部（Central Security Service）が所掌すべき事案である。ところが、9/11の同時多発テロ事件では、議会をはじめマスコミが事件発生の責任はFEMAの無策にあると糾弾をはじめた。それを受け、ブッシュ大統領はFEMAの能力不足を問題視し、組織を基本から改革することに決めた。

　失敗を人のせいにし責任を回避することは、政治や行政ではしばしば起こる。行政研究で著名なオックスフォード大学のクリストファー・フード教授（Christopher Hood）は、それを「責任回避」（Blame Avoidance）と呼んでいる。責任の所在が不明確になる過程を表現する言葉であるが、9/11以後のアメリカ政界では、事件後、テロ対策の失敗をめぐって「犯人探し」がはじまった。大統領を含む政府高官は、FEMAを弱体化させたことは口にしなかった。議会もFEMAの予算削減を実施したことには、ほとんど触れなかった。多くの関係者は、それぞれが犯した誤りは封印し、後援者や応援団の少ないFEMAを責めた。格好の批判の標的にされたFEMAであったが、不幸にしてバッシングはこの時だけに終わらなかった（Hood, 2011）。

　ニューヨークやワシントンなど、国の中枢地域を直撃されたアメリカ政府は、同時多発テロから深刻な痛手を受けた。本土が外国から攻撃された経験を持たないアメリカでは、テロのショックは深刻であった。この事件を引き金に、多くの関係者が国防優先を唱えはじめ、2002年11月に至ってアメリカ連邦議会は、国家安全保障省（Department of

National Homeland Security、DHS）の創設を決議した。この法律によって、法務省に属した移民局をはじめ、国境警備局、関税局、税務局、海上保安局など、合わせて22に上る部署が国家安全保障省の管轄下に入った。FEMAも同様、2003年にはDHSの一部に転属することが決まった。18万人という膨大な職員と、予算規模430億ドル（約4兆3,000億円）を抱える巨大な政府組織、DHSがこうして出現した（Light, 2007:36-44）。

３．５．国家安全保障省（DHS）の出現とFEMAの役割後退

DHSを組織化する構想は、関税局長などを含む5名の政府職員によって案出されたと言われる。「ギャング5」と別称される彼らは、秘密裏に作業を進め、従来と内容が異なる危機管理行政の枠組みを創ることに腐心した。FEMAが進めてきた「下から」の防災対策に変え、国防にアクセントをおいた「上から」の危機管理対策の推進に路線を変更することが、彼ら5名の狙いであった。その一環でDHSの内部に「国内危機準備室」（Office of Domestic Preparedness）が設置され、これが州政府や自治体との折衝の窓口になる仕組みが創られた。指摘するまでもないが、新体制の誕生でFEMAの役割はさらに後景に追いやられた（Jenkins, 2006: 319-321; Light, 2007: 38-41）。

DHSは「国家危機応答計画」（National Response Plan）、国家危機管理基準化システム（National Incident Management System）の他、「国家危機事前準備目標」（National Preparedness Goal）や「重要施設の保護計画」（National Infrastructure Protection Plan）など4つの方針を作成し、国を中軸に包括的で統一のとれた危機対策を生み出そうとした。その一例が、NIMSと略称される「国家危機管理基準化システム」である。これは国が危機管理に必要とされる規制を標準化し、それを地方自治体に導入させる試みである。採用した自治体には、報償として補助金を提供する仕組みが創られた。この制度の導入によって、従来、人口割を基準にした補助金の割り振りは、リスク対応に積極的であるかどうかで決まる方式に変わった。ブッシュ政権が打ち出した新しい方針により、アメリカの危機管理対策は中央政府主導の中身に変質した。

5人という限られた数の担当者が、短期間に生み出した計画には欠陥があった。そもそも、FEMAをDHSになぜ移すかという理由が不明であった。また、当初から多種多様な行政を巨大な組織にまとめるという方針にも疑問が出た。テロなど国防の課題は、国務省や国防省をはじめ中央情報局や連邦捜査局にまかせ、FEMAは防災に特化した独立の組織として維持するという意見も残った。そうした危惧とは関係なく、政府は22の異なる部署をDHSに吸収したが、その結果、この組織は国境警備や空港警備から税関事務、それにテロ対策など、多岐にわたる事務を担当する複雑な巨大な機関に成長した。

DHSの一部に格下げされたFEMAについても、それまで手がけてきた防災中心の危機対応や組織間の調整機能だけでは組織の存続が危ぶまれた。予算も大幅に削減される事態に直面したが、2003会計年度から2005年会計年度を例にすると、合わせて6件、総額14億4,180万ドル（約1,441億8,000万円）の予算がFEMAから他の政府機関に移された。一方、同じ時期、3件、総額5億1300万ドル（約513億円）が、日本では厚労省にあたる保健社会福祉省（Department of

Health and Human Services）から FEMA に移し替えられている。ただ、移転された予算のほとんどは、その後、DHS 全体の会計に組み替えられ、FEMA の予算は細るだけという状況が続いた。

身軽な組織に変わる必要性に迫られた FEMA は、行政改革の一環としてそれまでの方針を変更し、事務事業の民営化や外部委託（Outsourcing）を進めることにした。これをきっかけに、それまで FEMA で危機管理に関わる仕事をしてきた幹部職員が、つぎつぎに退職するという事態が出てきた。退職者は 2002 年には 157 名、それが 2003 年には 569 名に増加した。退職した幹部職員の多くは、コンサルタント会社や危機管理に関係する民間企業を立ち上げるか、そうでなければ大手の建設業者に幹部として転身した。FEMA の元職員が新設した民間組織や、FEMA の幹部職員が転職した大手建設業者は、FEMA の進める事務事業の民営化や外部委託を請け負う受け皿になるのが通例になった。FEMA が民間企業との関係を深めるなか、この組織をめぐってやがて、アメリカ版の「天下り」構造が定着をはじめるに至った（Gotham, 2012: 633-646; Coats, Karahan, and Tollison, 2006: 275-287）。

FEMA が危機に備えて発注する数々の建造物は、ほとんどが随意契約であった。随契が増加したため、FEMA が発注した建築物のなかには大きな欠陥を抱えるものもあった。2005 年にニューオリンズ市を襲ったハリケーン・カテリーナは、それを暴く大災害になった。同市にはカリブ海からの高潮被害を抑えるため、多数の堤防（Levee）が建築されていた。これらの施設は、FEMA が有力と考える建設業者に随契で発注したものである。ところが、カテリーナによる災害で堤防は、強風による高潮の発生に耐えることができなかった。脆くも崩壊しニューオリンズ市街は水没するという被害が出た。この事件で FEMA の評価が、大きく傷ついたことは言うまでもない。

事後の対策でも FEMA は、大手の建設業者から数々の難問を突きつけられている。大手の建設業者である Shaw 社と Flour 社は、FEMA から各種の防災整備事業を受託してきた有力企業である。当初の契約では、災害防止対策費に 5 億ドルの上限が設けられていた。ところが、2006 年になって Flour 社は、予算の上限を引き上げることを要求しはじめた。同社は上限の設置が事業の進捗を阻害していると主張し、それが撤廃されないと災害防止整備計画から手を引くとも言い出した。これに対して、事業がこれ以上遅れることを避けたい FEMA は、最終的には有力企業からの要求を飲むことにした。Flour 社の上限を 10 億ドル超（約 1,000 億円）に引き上げる一方、Show 社の上限は 9 億 5000 万ドル（約 950 億円）に増額された。[6]

これ以外でも FEMA は 2005 年のカテリーナの災害以後、民間企業から法外な要求を飲んで、高額の費用を支払うという施策をくり返した。例えば、FEMA は企業の意見を取り入れ、家をなくした被災住民に仮設住宅ではなくトレーラー・ハウスを準備した。その 1 台当たりの費用は、18 ヶ月のレンタルで 5 万 9160 ドル（約 590 万円）になった。ちなみに、日本で仮設住宅は平均 400~700 万円前後で準備されている（Gotham, 2012:633-646）。

こうした事例が明らかにするように、最近、FEMA の評判はよくない。危機対策を管理する能力に欠けるという意見が多い。1990 年代後半、一時、FEMA の活躍が世界各地で注

目を集めた時代があった。しかし、それもすでに昔の話である。2001 年にブッシュ政権が登場してから、FEMA はミッションの変更や組織の改編を経験し、それ以来、以前のような活力を取りもどすまでには至っていない。連邦議会では、下院の国家安全保障委員会が 2007 年、FEMA の改革を課題に公聴会を開いている。2008 年には議会に付属する常設の「行政管理責任局」（Government Accountability Office）が同じような調査を実施し、FEMA が州政府との連絡をより密にするよう要望する案をまとめている。災害や事故は、これからも発生する。そのことを思うと、FEMA がこれからどう変わるのか、あるいは、どう変わるべきか、その成り行きには強い関心が集まる（Gotham, 2012; Coats, 2006）。

4．「重要施設の保護」（Critical Infrastructure Protection）－政策誕生の背景と現状

4．1．情報社会の出現と重要施設の保護

「重要施設の保護」は、政府の建物や空港、あるいは、原発など国家運営にとって枢要と思われる施設、それにサイバーと呼ばれる電子関係の情報や設備などを表す言葉である。同時にこれには、枢要な施設や設備が提供するサービスを危機発生の際にも継続するという意志が込められている。そのために、国はあらゆる資源を動員するというのが、この表現に含まれる政府のメッセージである。アメリカの場合、政府は 1997 年 10 月、同時多発テロ事件が発生する 4 年前にすでに「重要施設の保護」を政策課題として取り上げていた。

アメリカ大統領の諮問に応えて創設された、国の重要施設保護を課題とする委員会（President's Commission on Critical Infrastructure Protection）は、1997 年 10 月に答申書を公表している。興味深い中身を備えた文書であるが、その内容を簡単に紹介すると、答申書ははじめに情報技術が急速に進歩した最近の社会変化に言及している。情報技術の発達は、国の安全にこれまでとは異なる脅威を投げかけるというのが、委員会の意見である。過去、国の安全は武器や兵器などによる攻撃によって脅かされた。ところが、時代は変わった。コンピューターなど情報機器が大量に生産され、誰もが情報機材を簡単に入手できる社会になった。情報機器が安価に一般化（Commonality）する IT 時代を迎えたが、ただ、これには大きな落とし穴もある。情報機器の一般化は同時に、それらの機材が武器に豹変する可能性が増えたことも意味する。

情報機器は火器ではないが、しばしばそれを超える威力を発揮する。それによる社会的ダメージは深刻になることが多い。サイバー攻撃によって、政府は「脆弱性」（Vulnerability）の上昇という問題に直面する。行政機関が予期しない「武器」で攻撃を受けた場合、想定外であるだけに不測事態に対応できない可能性が高い。脆弱性が増えるというのは、そのことを指している。たしかに、最近、政府の情報システムが外部からサイバー攻撃を受ける例が増えた。犯人はごく普通の市民であることが多いが、彼らが仕掛けた攻撃は、政府や自治体はもとより民間企業や国民全体など多方面を直撃する場合がある。政府や自治体はサイバーによる挑戦に備え、より高度な事前対策が必要と考えられるゆえんである。

答申書は、情報化が進展する時代に入って

政府や自治体、それに民間企業や個人が相互に連鎖し、おたがい依存する割合が増えたことも指摘している。答申書はそれを「相互依存性」(Interdependency) の増加と呼んでいる。例えば、銀行の情報機器がハッカーによって外部操作され、破壊されるという事件が起きた場合、この攻撃によって多数の消費者が影響を受ける。被害はそれだけに止まらない。金融機関にも影響が及んで銀行などが機能不全に陥ることもある。それがやがて、国自体の財政運営を揺るがす障害に発展する可能性もある。サイバー攻撃が恐れられるのは、社会システム全体が負の連鎖を起こす引き金になると予想されるからである (Yusta, Correa, and Lacal-Arantegui, 2011: 6100-6119)。

情報化時代の政府や自治体、それに民間企業は、外部からの攻撃に対して免疫力が弱い。対応能力も脆弱である。一方、IT技術の発展は官民間の相互依存を促進させるが、サイバー攻撃がはじまると、この相互依存性がマイナス効果と生み出す。いろいろな組織は将棋倒しをはじめ、やがて社会全体の機能が不全に陥る。答申書はそうしたシナリオをくり返し指摘し、将来に備えた提案をしている。その一つは、情報化時代では官民が協力し情報の共有を図ることが重要という意見である。答申書は、それが外部からのサイバー攻撃に備える最も効果的な施策と結論づけている。法律を整備し情報時代に即応できる法体系を確立する必要もあるというのが、委員会の提言である (Brown, et al., 2006: 530-544)。

4．2．複雑化したアメリカの「重要施設の保護」対策

アメリカと同様、ヨーロッパでも「重要施設の保護」には強い関心が集まる。EU では 2005 年にこの課題に関する報告書 (Green Paper) を採択し、それをきっかけに 2006 年、ヨーロッパ・重要施設保護計画 (European Programme for Critical Infrastructure Protection, EPCIP) がスタートした。EU は「重要施設の保護」でエネルギーを最も重要な政策に上げている。これには電力の他、石油や天然ガスが含まれるが、エネルギー資源そのものの確保や、それらに関係する施設を保護することが、EU が最重視する施策である。もう一つは公共交通機関の保護である。この分野には、一般道路や高速道路、電車や汽車、それに航空機、内陸水路、船舶と港湾などが入る。

EU が「重要施設の保護」に対象とする分野は範囲が狭く数は少ない。これは、EU が 28 に上る主権国家から構成された国際機関であることに関係している。対象範囲を広げると、構成メンバーの同意を得ることがむずかしくなる。関心を寄せる政策分野は、出来るだけ単純でなければならない。国際連合など国際機関にしばしば見られる共通の悩みである。こうした国際組織が抱える構造的な問題は、政策実施の場面でも顔を現す。ようやく合意に達した「重要施設の保護」に関する対策も、それを展開する段階でメンバー間の意見対立が改めて表面化することがある。EU の危機管理分野における成果が、まだまだ不十分と言われるのは、そのためである (Yusta, Correa, and Lacal-Arnategui, 2011)。

その点、アメリカは異なる。アメリカ政府は、2009 年、「国家の重要施設を保護する計画」(National Infrastructure Protection Plan, NIPP) を制定した。そのなかで、つぎの 9 件にまたがる政策を「重要施設の保護」の対象に決めた。一つは、(1) 農業と食料

である。食料の安全保障は、日本でも論議される課題であるが、アメリカはそれに加え、（2）銀行施設と金融機関、（3）コミュニケーション、さらには、（4）軍事施設や（5）エネルギー関連の設備を要保護政策に組み込んでいる。それ以外では、（6）情報技術、（7）歴史的建築物、（8）公共交通機関、（9）上水道施設などの施策が入る。アメリカ政府が「重要施設の保護」の対象とする政策分野は、ヨーロッパに比較して幅が広く、内容は多岐多様に及ぶ。

対象となる政策の量が増え、施策の幅が広がると、それに比例して対応策も複雑になる。アメリカ政府が対象とする政策が広範囲に及ぶだけに、それらに対応する体制が組み立てられるのか、あるいは、その制度は稼働するのか、疑問の種はつきない（Ibid.）。

アメリカで「重要施設の保護」を主管するのは、国家安全保障省（DHS）である。すでに指摘した通り、この組織は22の異なる部署を統合して創られた巨大省庁である。その内部は、様々な政策課題が入り組んで複層な構造になっている。DHS長官の下に、あわせて18の部局が設置され、その一つが「重要施設の保護」を専管する「国家保護計画執行機関」(National Protection and Programs Directorate) である（National Protection and Programs Directorate, 2012; Department of Homeland Security, 2013）。

「国家保護計画執行機関」は、DHS副長官と2名の副長官補で構成される、「重要施設の保護」を課題とする分野の最高意思決定機関である。これが二つの下部部門を統括している。一つは、物理的施設の保護に専念する「重要施設保護課」（Infrastructure Protection）である。もう一つは、「サイバー・コミュニケーション課」(Cybersecurity and Communications) である。前者の「重要施設保護課」は、物理的なインフラを守る中軸センターの責任を負うが、同時に異変情報を集めるハブの役割も担っている。もう一つの「サイバー・コミュニケーション課」は、サイバー・センターを所管し、サイバーに関係する危機管理に専念する。これら以外にDHSには、付属機関としてFEMAがある。FEMAも「重要施設の保護」にいろいろな形で関与する組織である（Department of Homeland Security, National Protection and Programs Directorate, 2012）。

そう見てくると、アメリカにおける「重要施設の保護」対策は、一筋縄ではいかない複雑な形式をとることが分かる。現行の制度は、危機の事象はDHSの内部で担当部署毎に細分化され、機能は別々に細かく規定されるという体裁をとる。DHSの基幹部分には、管理局からはじまり科学技術局、国家保護計画執行機関、それに政策局や法務局、議会対応局、広報局、それに行政監察局など18の異なる部局が設置されている。

それら基幹部門とは別に、関税・国境監視庁（Custom Services and Boarder Protection）、国籍・移民局（Citizenship and Immigration Services）、海洋保安庁（Coast Guard）、FEMA、不法就労・関税強化庁（Immigration and Customs Enforcement）、要人警護局（Secret Service）、交通安全庁（Transportation Security Administration）など、計7局がDHSの付属機関になっている。それぞれの担当機関は、さらに細分化され、各部門はCII（Cyber Infrastructure Information）、ESF（Emergency Support Function）、GCC（Government Coordinating Council）などの略称（Acronym）で呼ばれる。その数は驚くほど

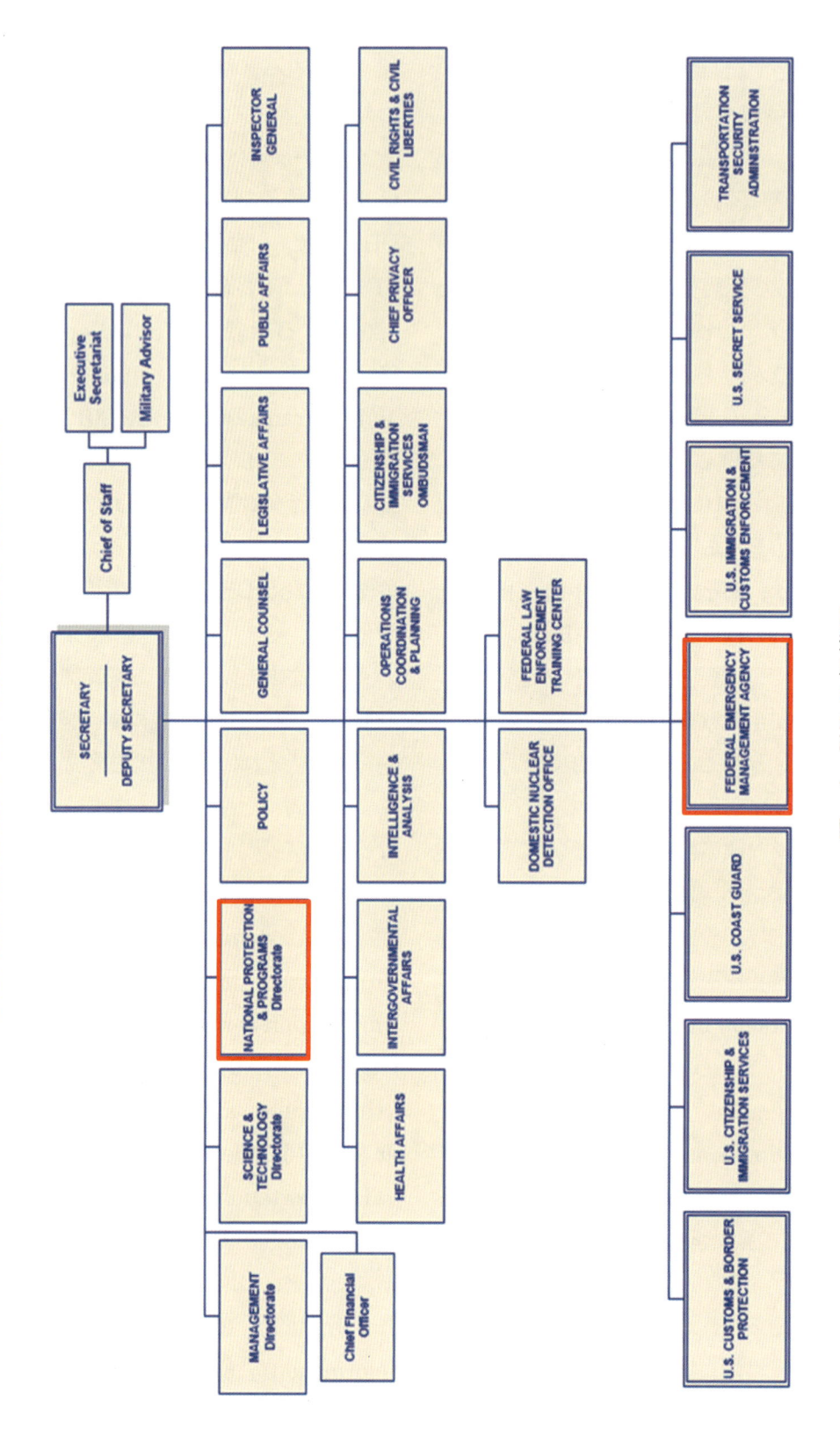

図-1 DHSの組織図

National Protection and Programs Directorate

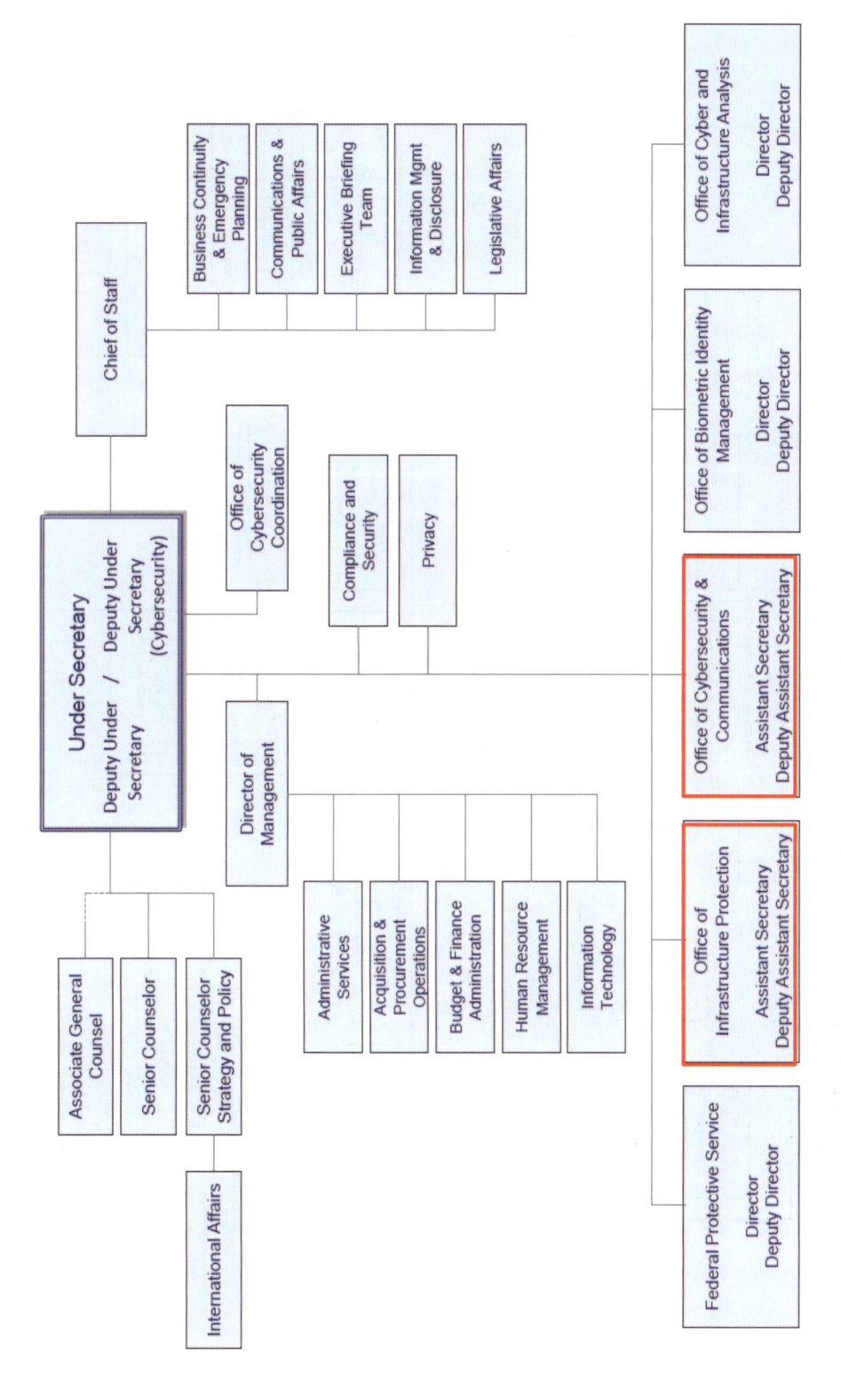

図−2 National Protection and Programs Directorate の組織図

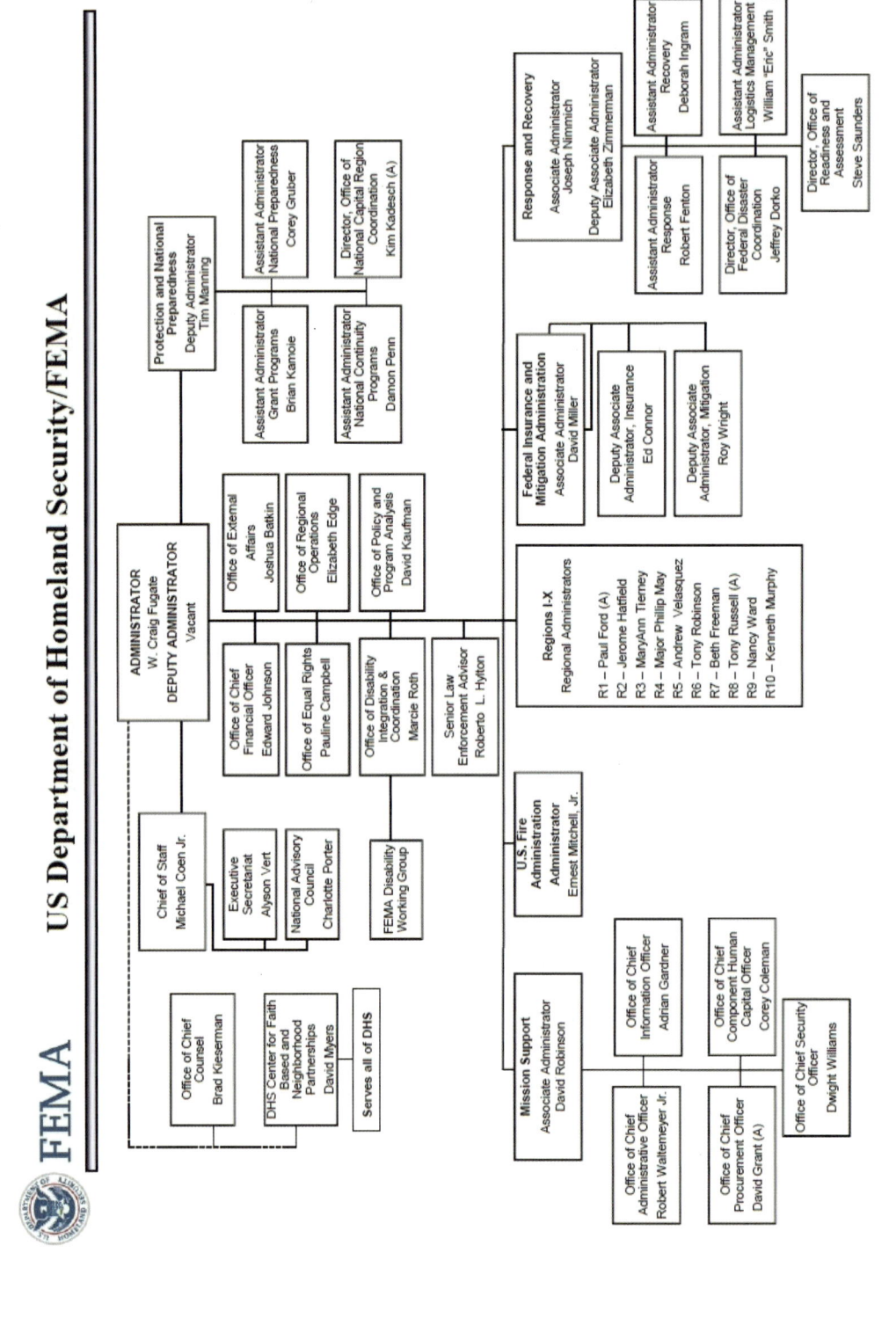

図－3　FEMAの組織

膨大な量に及ぶ。果たして、これで将来の大きな危機に対応できるのか、疑問に思われる。巨大化したDHSについて、それがどの程度、小回りの効く即効性と機動性を持つのか、不安の種はつきない（Department of Homeland Security, 2013a 参照）。

5．おわりに

小論では、アメリカにおける危機管理行政の仕組みを、FEMAを軸に検討してきた。所論ははじめに、アメリカとヨーロッパの危機管理に対する基本的姿勢の違いについて検討した。自助や自衛に重点を置くアメリカ。危機とはなにかを法律家が決めるアメリカ。対するヨーロッパは、日本の制度に近く、科学知見にもとづき危険や危機を政府や自治体が定め、それを法律や条令で規定する方式を採ってきている。コミュニティや公共性概念に重点を置くのもヨーロッパ方式の特色であるが、その点でもヨーロッパの危機管理行政は日本に近いと言い得る。

それに続けて小論は、1979年に創設され今日まで存続しているFEMAを観察してきた。この組織の変遷をながめ、アメリカの危機管理行政が政治的ベクトルで動くことの多いことに驚きをおぼえる。以前から指摘されてきたことであるが、FEMAが抱える予算は有力政治家の圧力で特定の選挙区に流れることや、大統領や政府高官の影響力で限られた大手建設企業に配分されることがきわめて多い。そうした状況は、数々の統計資料が裏付けている通りであるが、ここでは紙幅の関係で、そのごく一部の紹介に止めた。危機管理行政の政治化がFEMA元来の使命を削ぎ、この組織の機能を大きく低下させてきたことは、ほぼ間違いがない。

日本でも過去、関東大震災の復興をめぐって当時の東京市は、一時、汚職にまみれ、腐敗がまんえんした時代があった。大正末期から昭和のはじめにかけてのことであるが、政治や行政の汚濁が慢性化した東京市には、不治の病を意味する「宿痾」という形容詞がつけられた。アメリカのFEMAを観察すると、昔の東京市が思い出されてならない。もとより、両者が同じというのではない。ただ、アメリカのFEMAを観察していると、危機管理の行政は政治から距離をおかなければならないことを改めて確認する。そうでなければ、危機管理行政は政争の具になり、危機に備えるという主題からかけ離れた政策が実施されることになる。このことこそが昔の東京市やFEMAの失敗が教える教訓である。

「重要施設の保護」は、日本でもこれから検討されなければならない課題と考えられる。EUやアメリカの先行事例を参考にすると、政策の対象となる施設は相当、慎重に討議し決めることが必要である。幸か不幸か、日本はアメリカやEUと異なり一元制をとる国である。中央政府レベルのタテ割り調整さえつけば、どの分野を重要施設の対象に選ぶかについて、統一した基準が生まれる可能性は高い。

重要施設と呼ばれるものは、民間企業が所有し操業している場合が多い。原発などエネルギー関係の施設が、その代表的な事例になるが、民間企業との連携や協働は「重要施設の保護」では最も重視される政策課題である。この点に関して、日本では過去、政府は地方自治体との関係には力を入れてきた。中央地方関係を重視し、それを基本に危機管理体制を組んできたのが、日本の特徴になってきた。

政府や自治体は民間との協力に関して、必ずしも熱心でも得意でもなかった。今回の東

北大震災でも、東京都はJRや私鉄との間で事前に帰宅困難者の受け入れなどについて、事前に相談することはきわめて少なかった。なかには、ターミナル駅ですらシャッターを下ろし、帰宅困難者を駅舎から追い出した事例が出ている。今後、政府や自治体は「重要施設の保護」を課題に、民間企業と連絡や密にし、援助協定などを結ぶ試みを進めることが期待される。日本では、大多数が中小企業であることも留意しなければならない。この点でも、民間企業との連携や協力に関して、今後、政府や自治体はより一層の創意と工夫が必要とされる。そうした点についてのヒントを、「重要施設の保護」で先行するアメリカやEUの経験から学習することが必要である。そう思うのは、筆者一人ではなさそうである。

注

[1] アメリカで危機管理は通常、Emergency Management と表現される。Crisis Management という言葉は、公式文書にはほとんど出てこない。

[2] 危機管理行政のアメリカとヨーロッパの差異について、筆者はユタ大学政治学部、Line Svedin 准教授から多大の教示を受けた。とりわけ、小論が参考にしたのは、同女史の未定稿の学会発表論文である。Svedin（2009）参照。

[3] 緊急車輌に関する、いろいろな経験談はウエッブ上で検索することができる。そのひとつは、下記のものである。
http://clearhealthcosts.com/blog/2012/04/the-ambulance-to-the-hospital-how-much-does-it-cost/

[4] テネシー州オビオン郡（Obion County）の事件に関連するコメントなどについて、例えば、
http://www.wpsdlocal6.com/news/local/Home-burns-while-firefighters-watch-again-135069773.html 参照。

[5] ここで紹介した調査研究の結果は、中邨章編著．（1998）．「行政の危機管理に関する調査研究」．
行政管理研究センターに詳しい。

[6] Flour 社は、テキサス州に本社を置く多国籍企業である。従業員は4万1000人。多角的経営の一環として、政府から多数の事業を請け負っている。危機管理の設計、訓練のほか、原子力発電所の維持なども手がける。Shaw 社も多国籍で多角経営を進める企業である。事務所用のカーペットで有名であるが、医療から教育、それに建設業などにも販路をもつ。2社以外に、ベクテル社も FEMA からの受注先として名前が上がる。ベクテル社はチェイニー副大統領と深い関係があり、ブッシュ大統領も選挙資金を受けてきたと噂された。
http://www.cbsnews.com/news/bechtel-bid-under-scrutiny/

参考文献

Birkland, Thomas A. (2009). 'Disaster, Catastrophes, and Policy Failure in the Homeland Era.' *Review of Policy Research*, 26 (4): 423-438.

Brown, Gerald, et al. (2006). 'Defending Critical Infrastructure.' *Interfaces*, 36 (6): 530-544.

Caudle, Sharon. (2005). 'Homeland Security: Approaches to Results Management.' *Public Performance and Management Review*, 28 (3): 352-375.

Caruson, Kiki and MacManus, Susan A. (2006). Mandates and Management Challenges in the Trenches: An Intergovernmental Perspective on Homeland Security. *Public Administration Review*, 66 (4): 522-536.

Coats, R. Morris, Karahan, Gokhan, and Tollison, Robert D. (2006). 'Terrorism and Pork-Barrel Spending.' *Public Choice,* 128 (1/1): 275-287.

Department of Homeland Security. (2008). *National Response Framework*. DHS.

―――. (2008). *National Incident Management System*. DHS.

―――. (2013a). *NIPP 2013: Partnering for Critical Infrastructure Security and Resilience.DHS.*

―――. (2013b). *Supplemental Tool: Connecting to the NICC and NCCIC.* DHS.

Federal Emergency Management Agency (1996). *This is FEMA.* Washington, D.C.: Federal Emergency Management Agency.

―――. (2011). *A Whole Community Approach to Emergency Management: Principles, Themes, and Pathways for Action (FDOC 104-008-1)* .FEMA.

―――. (2012). The State of FEMA-Leaning Forward: Go Big, Go Early, Go Fast, Be Smart.FEMA.

Gotham, Kevin Fox. (2012). 'Disaster, Inc.: Privatization and Post-Katrina Rebuilding in New Orleans.' Perspective on Politics, 10 (3): 633-646.

Harrald, John R. (2006). 'Agility and Discipline: Critical Success Factors for Disaster Response.' *American Academy of Political and Social Science*, 604:256-272.

Hood, Christopher. (2011). *The Blame Game: Spin, Bureaucracy, and*

Self-Preservation in Government. Princeton, NJ: Princeton University Press.

Jenkins, William O. (2006). 'Collaboration over Adaptation: The Case for Interoperable Communication in Homeland.' *Public Administration Review*, 66 (3): 319-321.

Light, Paul C. (2007). 'The Homeland Security Hash.' *The Wilson Quarterly*, 31 (2): 36-44.

Lina, Yu Svedin. (2009). 'Diverging and Conversing Policy Paths: Critical Infrastructure Protection in the United States and the European Union.' Unpublished paper presented in the Annual Conference, International Studies Association, February 15-18, 2009 in New York, NY, USA.

National Academy of Public Administration. (1993). *Coping with Catastrophe.* Washington, D.C.: National Academy of Public Administration.

National Protection and Programs Directorate. (2012). *Office of Infrastructure Protection-Strategic Plan: 2012-2016.* DHS.

Perrow, Charles. (2007). The Next Catastrophe. Princeton University Press.

Roberts, Patrick S. 'Dispersed Federalism as a New Regional Governance for Homeland Security,' *Publius: The Journal of Federalism*, 38 (3): 416-443.

Yusta, Jose, Correa, Babriel, J., and Lacal-Arantengui. (2011). 'Methodologies and Application for Critical Infrastructure Protection: State-of-the-Art.' *Energy Policy*, 39: 6100

Styles, Richard T. (1966). "Redesigning and Administering Federal Emergency Management." In *Disaster Management in the US and Canada.* Edited by Richard T. Styles and William L. Waugh. Springfield, Illinois: Charles C. Thomas Publisher.

Takeda, Margaret B. and Helms, Marilyn M. 'Bureaucracy, Meet Catastrophe': 'Analysis of Hurricane Katrina Relief Efforts and Their Implications for Emergency Response Governance,' *International Journal of Public Sector Management,* 19 (4): 397-411.

United States Government Accountability Office. (2008). *Catastrophic Disasters: Federal Efforts Help States Prepare for and Respond to Psychological*

Consequences, but FEMA's Crisis Counselling Program Needs Improvements. US, GAO.

United States Congress House of Representatives. (2009). *Reforming FEMA: Are We Making Progress?* Hearing, Committee of Homeland Security, Serial Number 110-10.

Waugh, Jr., William L. and Styles, Richard T. (1996). 'The Intergovernmental Relations of Emergency Management." In *Disaster Management in the US and Canada*. 2nd edition. Edited by Richard T. Styles and William L. Waugh. Charles Thomas Publishers.

Waugh, William L. (1996) "Disaster Management for the New Millennium." In *Disaster Management in the US and Canada*. 2nd edition. Edited by Richard T. Sylves and William L. Waugh. Charles Thomas Publishers.

自治体国際化協会（1996）『米国における国家都市捜索救助システム』

中邨章編著（1998）「行政の危機管理に関する調査研究」行政管理研究センター

【執筆者紹介】

第1章
　山下　博之　一般財団法人日本防火・危機管理促進協会　研究員

第2章
　福田　　充　日本大学法学部　教授

第3章
　飯塚　智規　公益財団法人たばこ総合研究センター(TASC)研究員、博士(政治学)

第4章
　西村　　弥　明治大学　政治経済学部　専任講師、博士（政治学）

第5章
　中邨　　章　明治大学　名誉教授、日本自治体危機管理学会会長、Ph.D.